# POÈTES
# SU

ÉT
M

COLLECTION
**PARCOURS D'UN GENRE**

SOUS LA DIRECTION DE MICHEL LAURIN

Beauchemin

CHENELIÈRE ÉDUCATION

**Poètes surréalistes**

Choix de textes

Édition présentée, annotée et commentée
par Marc Savoie, enseignant au Collège Ahuntsic

Collection « Parcours d'un genre »

Sous la direction de Michel Laurin

© 2008, 2005 Groupe Beauchemin, Éditeur Ltée

*Édition :* Sophie Gagnon
*Coordination :* Johanne O'Grady
*Correction d'épreuves :* Christine Langevin
*Conception graphique :* Josée Bégin
*Infographie :* Transcontinental Transmédia
*Impression :* Imprimeries Transcontinental

**Catalogage avant publication
de Bibliothèque et Archives nationales du Québec
et Bibliothèque et Archives Canada**

Poètes surréalistes

(Collection Parcours d'un genre)

Comprend des réf. bibliogr.
Pour les étudiants du niveau collégial.

ISBN 978-2-7616-5127-1

1. Poésie française – 20ᵉ siècle. 2. Poésie française –
20ᵉ siècle – Histoire et critique. 3. Surréalisme
(Littérature). I. Savoie, Marc, 1966-    . II. Collection.

PQ1184.P645 2007        841'.9108        C2007-941462-1

**B**eauchemin

CHENELIÈRE ÉDUCATION

5800, rue Saint-Denis, bureau 900
Montréal (Québec) H2S 3L5 Canada
Téléphone : 514 273-1066
Télécopieur : 514 276-0324 ou 1 888 460-3834
info@cheneliere.ca

**ISBN 978-2-7616-5127-1**

Dépôt légal : 1ᵉʳ trimestre 2008
Bibliothèque et Archives nationales du Québec
Bibliothèque et Archives Canada

Imprimé au Canada

3  4  5  6  7   ITG  16  15  14  13  12

Nous reconnaissons l'aide financière du gouvernement du Canada
par l'entremise du Fonds du livre du Canada (FLC) pour nos activités d'édition.

Gouvernement du Québec – Programme de crédit d'impôt pour
l'édition de livres – Gestion SODEC.

« *En art pas de consigne, jamais, quoiqu'il advienne!... le seul devoir du poète, de l'artiste, est d'opposer un non irréductible à toutes les formes disciplinaires.* »

– André Breton, Seconde Arche, 1947.

# TABLE DES MATIÈRES

## Antonin Artaud

## André Breton

## Robert Desnos

## Paul Éluard

Nº 1 — Première année                     1er Décembre 1924

# LA RÉVOLUTION
# SURRÉALISTE

IL
FAUT
ABOUTIR A UNE
NOUVELLE DÉCLARATION
DES DROITS DE L'HOMME

SOMMAIRE

Préface : J.-A. Boiffard, P. Eluard, R. Vitrac.
Rêves : Georgio de Chirico, André Breton,
Renée Gauthier.
Textes surréalistes :
Marcel Noll, Robert Desnos, Benjamin Péret,
Georges Molkine, Paul Eluard,
J.-A. Boiffard, S. B., Max Morise,
Louis Aragon, Francis Gérard.
Le rêveur parmi les murailles : Pierre Reverdy.

Chroniques :
Louis Aragon, Philippe Soupault,
Max Morise, Joseph Delteil,
Francis Gérard, etc.
Notes.
Illustrations : Photos Man Ray.
Max Morise, G. de Chirico, Max Ernst,
André Masson, Pablo Picasso, Pierre Naville,
Robert Desnos.

ABONNEMENT,
les 12 Numéros :
France : 45 francs
Etranger : 55 francs

Dépositaire général : Librairie GALLIMARD
15, Boulevard Raspail, 15
PARIS (VIIᵉ)

LE NUMÉRO :
France : 4 francs
Étranger : 5 francs

FRONTISPICE DE L'ÉDITION Nº 1 DE LA REVUE
*La Révolution surréaliste.*

# INTRODUCTION

## L'INSURRECTION DE L'IMAGINATION

Le surréalisme est l'un des premiers grands mouvements rassembleurs du xxᵉ siècle. À Breton et ses camarades viendront en effet se greffer peintres, illustrateurs et cinéastes, afin d'exprimer autant par l'image que par les mots cette révolution de l'esprit déjà entamée par les dadaïstes.

Le succès du surréalisme auprès des artistes et des lecteurs du début des années 1920 s'explique en partie par le combat qui est livré à ce monde bourgeois, réactionnaire, empêtré dans son éternel «bon sens», celui-là même qui venait d'entraîner la population dans un autre grand mouvement rassembleur: la Première Guerre mondiale.

L'horreur de ce carnage, les surréalistes la crient sur tous les tons, avec tous les mots, par tous les moyens que l'imagination a mis à leur disposition. Leur intérêt pour la psychanalyse freudienne, qui ouvre la porte à un monde nouveau, plus beau, plus fou, leur permettra en outre de mieux sonder les blessures causées par la guerre.

Ainsi, Breton, Soupault, Éluard, Aragon, Péret, Desnos, Artaud et tant d'autres imposeront jusque dans les années 1960 un univers relevant d'une aventure sans précédent: celle de l'exploration de l'être humain, hors des limites de son habituelle frontière, la raison.

Au-delà de toutes ces considérations, au-delà des provocations, des bouffonneries, de l'écriture automatique, des coups de tête de Breton et de l'engagement communiste, c'est surtout cette volonté inébranlable d'aller voir de «l'autre côté du miroir» qui continue de fasciner et de susciter l'admiration. Dans le monde «politiquement correct» qui est le nôtre, où l'on se laisse volontiers griser par l'illusion de la libre expression et de la démocratie triomphante, le pouvoir «décapant» du surréalisme est encore ce qu'il était en 1924: révolutionnaire.

Tract *DADA SOULÈVE TOUT*, 12 JANVIER 1921.

---

N.B. : Les crochets indiquent une coupure faite au texte original.
Les mots suivis d'un astérisque sont définis dans le glossaire, à la page 236.

# LES

# PRÉCURSEURS

STÉPHANE MALLARMÉ, 1892.

PORTRAIT D'AUGUSTE RENOIR (1841-1919).

MUSÉE NATIONAL DU CHÂTEAU DE VERSAILLES.

## SES PURS ONGLES TRÈS HAUT
## DÉDIANT LEUR ONYX...

Ses purs ongles très haut dédiant leur onyx[1],
L'Angoisse, ce minuit, soutient, lampadophore[2],
Maint rêve vespéral[3] brûlé par le Phénix[4],
4 Que ne recueille pas de cinéraire amphore[5]
Sur les crédences[6], au salon vide : nul ptyx[7],
Aboli bibelot d'inanité[8] sonore,
(Car le Maître est allé puiser des pleurs au Styx[9]
8 Avec ce seul objet dont le Néant[10] s'honore.)
Mais proche la croisée[11] au nord vacante, un or
Agonise selon peut-être le décor
11 Des licornes[12] ruant du feu contre une nixe[13],
Elle, défunte nue en le miroir, encor
Que, dans l'oubli fermé par le cadre, se fixe
14 De scintillations sitôt le septuor[14].

(*Poésies*, 1887)

---

1. Onyx : variété d'agates (pierres précieuses).
2. Lampadophore : qui porte des flambeaux.
3. Vespéral : nocturne.
4. Phénix : oiseau mythologique qui renaît de ses cendres.
5. Cinéraire amphore : vase (amphore) contenant les cendres d'un mort (cinéraire).
6. Crédences : buffets de salle à manger.
7. Ptyx : néologisme de Mallarmé évoquant le mot grec pour « coquille ».
8. Inanité : futilité.
9. Styx : fleuve des enfers.
10. Le Néant : le vide après la mort.
11. Croisée : partie d'une église.
12. Licornes : chevaux mythologiques munis d'une corne unique au milieu du front.
13. Nixe : génie ou fée des eaux dans la mythologie germanique.
14. Septuor : composition musicale à sept parties ou ensemble de sept musiciens.

## UN COUP DE DÉS (EXTRAIT)

JAMAIS

QUAND BIEN MÊME LANCÉ DANS DES
CIRCONSTANCES ÉTERNELLES

DU FOND D'UN NAUFRAGE [...]

N'ABOLIRA [...]

*LE NOMBRE*

EXISTÂT-IL

autrement qu'hallucination éparse d'agonie

COMMENÇÂT-IL ET CESSÂT-IL

sourdant[1] que nié et clos quand apparu

enfin

par quelque profusion[2] répandue en rareté

SE CHIFFRÂT-IL

évidence de la somme pour peu qu'une

ILLUMINÂT-IL

LE HASARD

*Choit*[3]

  *la plume*

    *rythmique suspens du sinistre*

          *s'ensevelir*

            *aux écumes originelles*

      *naguère d'où sursauta son délire jusqu'à une cime*

              *flétrie*

        *par la neutralité identique du gouffre*

---

1. Sourdant : naissant.
2. Profusion : abondance.
3. Choit : tombe.

LAUTRÉAMONT

*Les Chants de Maldoror.*
ILLUSTRATION DE RENÉ MAGRITTE, 1948.

# Les Chants de Maldoror

## Chant premier (extrait)

Au clair de la lune, près de la mer, dans les endroits isolés de la campagne, l'on voit, plongé dans d'amères réflexions, toutes les choses revêtir des formes jaunes, indécises, fantastiques. L'ombre des arbres, tantôt vite, tantôt lentement, court, vient, revient, par diverses formes,
5 en s'aplatissant, en se collant contre la terre. Dans le temps, lorsque j'étais emporté sur les ailes de la jeunesse, cela me faisait rêver, me paraissait étrange ; maintenant, j'y suis habitué. Le vent gémit à travers les feuilles ses notes langoureuses, et le hibou chante sa grave complainte, qui fait dresser les cheveux à ceux qui l'entendent. Alors, les
10 chiens, rendus furieux, brisent leurs chaînes, s'échappent des fermes lointaines ; ils courent dans la campagne, çà et là, en proie à la folie. Tout à coup, ils s'arrêtent, regardent de tous les côtés avec une inquiétude farouche, l'œil en feu ; et, de même que les éléphants, avant de mourir, jettent dans le désert un dernier regard au ciel, élevant déses-
15 pérément leur trompe, laissant leurs oreilles inertes, de même les chiens laissent leurs oreilles inertes, élèvent la tête, gonflent le cou terrible, et se mettent à aboyer, tour à tour, soit comme un enfant qui crie de faim, soit comme un chat blessé au ventre au-dessus d'un toit, soit comme une femme qui va enfanter, soit comme un moribond atteint
20 de la peste à l'hôpital, soit comme une jeune fille qui chante un air sublime, contre les étoiles au nord, contre les étoiles à l'est, contre les étoiles au sud, contre les étoiles à l'ouest ; contre la lune ; contre les montagnes, semblables au loin à des roches géantes, gisantes dans l'obscurité ; contre l'air froid qu'ils aspirent à pleins poumons, qui
25 rend l'intérieur de leur narine, rouge, brûlant ; contre le silence de la nuit ; contre les chouettes, dont le vol oblique leur rase le museau, emportant un rat ou une grenouille dans le bec, nourriture vivante, douce pour les petits ; contre les lièvres, qui disparaissent en un clin d'œil ; contre le voleur, qui s'enfuit au galop de son cheval après avoir
30 commis un crime ; contre les serpents, remuant les bruyères[1], qui leur

---

1. Bruyères : arbrisseaux typiques du nord de la France.

font trembler la peau, grincer les dents ; contre leurs propres aboiements, qui leur font peur à eux-mêmes ; contre les crapauds, qu'ils
broient d'un coup sec de mâchoire (pourquoi se sont-ils éloignés du
marais ?) ; contre les arbres, dont les feuilles, mollement bercées, sont
35  autant de mystères qu'ils ne comprennent pas, qu'ils veulent découvrir
avec leurs yeux fixes, intelligents ; contre les araignées, suspendues
entre leurs longues pattes, qui grimpent sur les arbres pour se sauver ;
contre les corbeaux, qui n'ont pas trouvé de quoi manger pendant la
journée, et qui s'en reviennent au gîte l'aile fatiguée ; contre les rochers
40  du rivage ; contre les feux, qui paraissent aux mâts des navires invisibles ; contre le bruit sourd des vagues ; contre les grands poissons, qui,
nageant, montrent leur dos noir, puis s'enfoncent dans l'abîme ; et
contre l'homme qui les rend esclaves. […]

Je me propose, sans être ému, de déclamer à grande voix la strophe
45  sérieuse et froide que vous allez entendre. Vous, faites attention à ce
qu'elle contient, et gardez-vous de l'impression pénible qu'elle ne
manquera pas de laisser, comme une flétrissure, dans vos imaginations
troublées. Ne croyez pas que je sois sur le point de mourir, car je ne
suis pas encore un squelette, et la vieillesse n'est pas collée à mon front.
50  Écartons en conséquence toute idée de comparaison avec le cygne, au
moment où son existence s'envole, et ne voyez devant vous qu'un
monstre, dont je suis heureux que vous ne puissiez pas apercevoir la
figure ; mais, moins horrible est-elle que son âme. Cependant, je ne
suis pas un criminel… Assez sur ce sujet. Il n'y a pas longtemps que j'ai
55  revu la mer et foulé le pont des vaisseaux, et mes souvenirs sont vivaces
comme si je l'avais quittée la veille. Soyez néanmoins, si vous le
pouvez, aussi calmes que moi, dans cette lecture que je me repens déjà
de vous offrir, et ne rougissez pas à la pensée de ce qu'est le cœur
humain. Ô poulpe[1], au regard de soie ! toi, dont l'âme est inséparable
60  de la mienne ; toi, le plus beau des habitants du globe terrestre, et qui
commandes à un sérail de quatre cents ventouses[2] ; toi, en qui siègent
noblement, comme dans leur résidence naturelle, par un commun
accord, d'un lien indestructible, la douce vertu communicative et les

---

1. Poulpe : mollusque muni de ventouses.
2. Un sérail de quatre cents ventouses : un harem de ventouses, métaphore pour une multitude
   de ventouses.

grâces divines, pourquoi n'es-tu pas avec moi, ton ventre de mercure
65 contre ma poitrine d'aluminium, assis tous les deux sur quelque
rocher du rivage, pour contempler ce spectacle que j'adore!

Vieil océan, aux vagues de cristal, tu ressembles propor-
tionnellement à ces marques azurées que l'on voit sur le dos meurtri
des mousses; tu es un immense bleu, appliqué sur le corps de la
70 terre: j'aime cette comparaison. Ainsi, à ton premier aspect, un
souffle prolongé de tristesse, qu'on croirait être le murmure de ta
brise suave, passe, en laissant des ineffaçables traces, sur l'âme
profondément ébranlée, et tu rappelles au souvenir de tes amants,
sans qu'on s'en rende toujours compte, les rudes commencements de
75 l'homme, où il fait connaissance avec la douleur, qui ne le quitte plus.
Je te salue, vieil océan!

Vieil océan, ta forme harmonieusement sphérique, qui réjouit la
face grave de la géométrie, ne me rappelle que trop les petits yeux de
l'homme, pareils à ceux du sanglier pour la petitesse, et à ceux des
80 oiseaux de nuit pour la perfection circulaire du contour. Cependant
l'homme s'est cru beau dans tous les siècles. Moi, je suppose plutôt
que l'homme ne croit à sa beauté que par amour-propre; mais qu'il
n'est pas beau réellement et qu'il s'en doute; car pourquoi regarde-t-il
la figure de son semblable avec tant de mépris? Je te salue, vieil océan!
85 Vieil océan, tu es le symbole de l'identité: toujours égal à toi-
même. Tu ne varies pas d'une manière essentielle, et, si tes vagues sont
quelque part en furie, plus loin, dans quelque autre zone, elles
sont dans le calme le plus complet. Tu n'es pas comme l'homme, qui
s'arrête dans la rue pour voir deux bouledogues s'empoigner au cou,
90 mais qui ne s'arrête pas quand un enterrement passe; qui est ce matin
accessible et ce soir de mauvaise humeur; qui rit aujourd'hui et pleure
demain. Je te salue, vieil océan!

Vieil océan, il n'y aurait rien d'impossible à ce que tu caches dans
ton sein de futures utilités pour l'homme. Tu lui as déjà donné la
95 baleine. Tu ne laisses pas facilement deviner aux yeux avides des
sciences naturelles les mille secrets de ton intime organisation: tu es
modeste. L'homme se vante sans cesse, et pour des minuties[1]. Je te
salue, vieil océan!

---

1. Pour des minuties: pour rien.

Vieil océan, les différentes espèces de poissons que tu nourris n'ont
100 pas juré fraternité entre elles. Chaque espèce vit de son côté. Les tem-
péraments et les conformations qui varient dans chacune d'elles
expliquent d'une manière satisfaisante, ce qui ne paraît d'abord
qu'une anomalie. Il en est ainsi de l'homme, qui n'a pas les mêmes
motifs d'excuse. Un morceau de terre est-il occupé par trente millions
105 d'êtres humains, ceux-ci se croient obligés de ne pas se mêler de l'existence de leurs voisins, fixés comme des racines sur le morceau de terre
qui suit. En descendant du grand au petit, chaque homme vit comme
un sauvage dans sa tanière, et en sort rarement pour visiter son semblable, accroupi pareillement dans une autre tanière. La grande
110 famille universelle des humains est une utopie[1] digne de la logique la
plus médiocre. En outre, du spectacle de tes mamelles fécondes se
dégage la notion d'ingratitude ; car on pense aussitôt à ces parents
nombreux, assez ingrats envers le Créateur, pour abandonner le fruit
de leur misérable union. Je te salue, vieil océan !

115    Vieil océan, ta grandeur matérielle ne peut se comparer qu'à la
mesure qu'on se fait de ce qu'il a fallu de puissance active pour engendrer la totalité de ta masse. On ne peut pas t'embrasser d'un coup
d'œil. Pour te contempler, il faut que la vue tourne son télescope, par
un mouvement continu, vers les quatre points de l'horizon, de même
120 qu'un mathématicien, afin de résoudre une équation algébrique, est
obligé d'examiner séparément les divers cas possibles, avant de tran-
cher la difficulté. L'homme mange des substances nourrissantes, et
fait d'autres efforts, dignes d'un meilleur sort, pour paraître gras.
Qu'elle se gonfle tant qu'elle voudra, cette adorable grenouille. Sois
125 tranquille, elle ne t'égalera pas en grosseur ; je le suppose, du moins.
Je te salue, vieil océan !

Vieil océan, tes eaux sont amères. C'est exactement le même goût
que le fiel que distille la critique sur les beaux-arts, sur les sciences, sur
tout. Si quelqu'un a du génie, on le fait passer pour un idiot ; si
130 quelque autre est beau de corps, c'est un bossu affreux. Certes, il faut
que l'homme sente avec force son imperfection, dont les trois quarts
d'ailleurs ne sont dus qu'à lui-même, pour la critiquer ainsi ! Je te
salue, vieil océan !

---

1. Utopie : projet irréalisable, illusoire.

Vieil océan, les hommes, malgré l'excellence de leurs méthodes, ne
135 sont pas encore parvenus, aidés par les moyens d'investigation de la
science, à mesurer la profondeur vertigineuse de tes abîmes ; tu en as
que les sondes les plus longues, les plus pesantes, ont reconnu inac-
cessibles. Aux poissons… ça leur est permis : pas aux hommes.
Souvent, je me suis demandé quelle chose était le plus facile à recon-
140 naître : la profondeur de l'océan ou la profondeur du cœur humain !
Souvent, la main portée au front, debout sur les vaisseaux, tandis que
la lune se balançait entre les mâts d'une façon irrégulière, je me suis
surpris, faisant abstraction de tout ce qui n'était pas le but que je
poursuivais, m'efforçant de résoudre ce difficile problème ! Oui, quel
145 est le plus profond, le plus impénétrable des deux : l'océan ou le cœur
humain ? Si trente ans d'expérience de la vie peuvent jusqu'à un certain point pencher la balance vers l'une ou l'autre de ces solutions, il
me sera permis de dire que, malgré la profondeur de l'océan, il ne
peut pas se mettre en ligne, quant à la comparaison sur cette pro-
150 priété, avec la profondeur du cœur humain. J'ai été en relation avec
des hommes qui ont été vertueux. Ils mouraient à soixante ans, et
chacun ne manquait pas de s'écrier : « Ils ont fait le bien sur cette
terre, c'est-à-dire qu'ils ont pratiqué la charité : voilà tout, ce n'est pas
malin, chacun peut en faire autant. » Qui comprendra pourquoi deux
155 amants qui s'idolâtraient la veille, pour un mot mal interprété, s'écar-
tent, l'un vers l'Orient, l'autre vers l'Occident, avec les aiguillons de la
haine, de la vengeance, de l'amour et du remords, et ne se revoient
plus, chacun drapé dans sa fierté solitaire. C'est un miracle qui se
renouvelle chaque jour et qui n'en est pas moins miraculeux. Qui
160 comprendra pourquoi l'on savoure non seulement les disgrâces géné-
rales de ses semblables, mais encore les particulières de ses amis les
plus chers, tandis que l'on en est affligé en même temps ? Un exemple
incontestable pour clore la série : l'homme dit hypocritement oui et
pense non. C'est pour cela que les marcassins[1] de l'humanité ont tant
165 de confiance les uns dans les autres et ne sont pas égoïstes. Il reste à la
psychologie beaucoup de progrès à faire. Je te salue, vieil océan !

---

1. Marcassins : jeunes sangliers encore dépendants de leur mère.

Vieil océan, tu es si puissant, que les hommes l'ont appris à leurs propres dépens. Ils ont beau employer toutes les ressources de leur génie… incapables de te dominer. Ils ont trouvé leur maître. Je dis qu'ils ont trouvé quelque chose de plus fort qu'eux. Ce quelque chose a un nom. Ce nom est : l'océan ! La peur que tu leur inspires est telle, qu'ils te respectent. Malgré cela, tu fais valser leurs plus lourdes machines avec grâce, élégance et facilité. Tu leur fais faire des sauts gymnastiques jusqu'au ciel, et des plongeons admirables jusqu'au fond de tes domaines : un saltimbanque[1] en serait jaloux. Bienheureux sont-ils, quand tu ne les enveloppes pas définitivement dans tes plis bouillonnants, pour aller voir, sans chemin de fer, dans tes entrailles aquatiques, comment se portent les poissons, et surtout comment ils se portent eux-mêmes. L'homme dit : « Je suis plus intelligent que l'océan. » C'est possible ; c'est même assez vrai ; mais l'océan lui est plus redoutable que lui à l'océan : c'est ce qu'il n'est pas nécessaire de prouver. Ce patriarche[2] observateur, contemporain des premières époques de notre globe suspendu, sourit de pitié, quand il assiste aux combats navals des nations. Voilà une centaine de léviathans[3] qui sont sortis des mains de l'humanité. Les ordres emphatiques[4] des supérieurs, les cris des blessés, les coups de canon, c'est du bruit fait exprès pour anéantir quelques secondes. Il paraît que le drame est fini, et que l'océan a tout mis dans son ventre. La gueule est formidable. Elle doit être grande vers le bas, dans la direction de l'inconnu ! Pour couronner enfin la stupide comédie, qui n'est pas même intéressante, on voit, au milieu des airs, quelque cigogne, attardée par la fatigue, qui se met à crier, sans arrêter l'envergure de son vol : « Tiens !… je la trouve mauvaise ! Il y avait en bas des points noirs ; j'ai fermé les yeux : ils ont disparu. » Je te salue, vieil océan !

Vieil océan, ô grand célibataire, quand tu parcours la solitude solennelle de tes royaumes flegmatiques[5], tu t'enorgueillis à juste titre de ta magnificence native, et des éloges vrais que je m'empresse de te

---

1. Saltimbanque : amuseur public.
2. Patriarche : ancêtre à la descendance nombreuse.
3. Léviathans : monstres marins.
4. Emphatiques : pompeux, ampoulés.
5. Flegmatiques : imperturbables.

donner. Balancé voluptueusement par les molles effluves[1] de ta len-
teur majestueuse, qui est le plus grandiose parmi les attributs dont le
200 souverain pouvoir t'a gratifié, tu déroules, au milieu d'un sombre
mystère, sur toute ta surface sublime, tes vagues incomparables, avec
le sentiment calme de ta puissance éternelle. Elles se suivent parallèlement, séparées par de courts intervalles. À peine l'une diminue,
qu'une autre va à sa rencontre en grandissant, accompagnées du bruit
205 mélancolique de l'écume qui se fond, pour nous avertir que tout est
écume. (Ainsi, les êtres humains, ces vagues vivantes, meurent l'un
après l'autre, d'une manière monotone; mais, sans laisser de bruit
écumeux). L'oiseau de passage se repose sur elles avec confiance, et se
laisse abandonner à leurs mouvements, pleins d'une grâce fière,
210 jusqu'à ce que les os de ses ailes aient recouvré leur vigueur accou-
tumée pour continuer le pèlerinage[2] aérien. Je voudrais que la majesté
humaine ne fût que l'incarnation du reflet de la tienne. Je demande
beaucoup, et ce souhait sincère est glorieux pour toi. Ta grandeur
morale, image de l'infini, est immense comme la réflexion du philo-
215 sophe, comme l'amour de la femme, comme la beauté divine de l'oiseau, comme les méditations du poète. Tu es plus beau que la nuit.
Réponds-moi, océan, veux-tu être mon frère? Remue-toi avec impétuosité[3]... plus... plus encore, si tu veux que je te compare à la vengeance de Dieu; allonge tes griffes livides, en te frayant un chemin sur
220 ton propre sein... c'est bien. Déroule tes vagues épouvantables, océan
hideux, compris par moi seul, et devant lequel je tombe, prosterné à
tes genoux. La majesté de l'homme est empruntée; il ne m'imposera
point: toi, oui. Oh! quand tu t'avances, la crête[4] haute et terrible,
entouré de tes replis tortueux comme d'une cour, magnétiseur et
225 farouche, roulant tes ondes les unes sur les autres, avec la conscience
de ce que tu es, pendant que tu pousses, des profondeurs de ta poitrine, comme accablé d'un remords intense que je ne puis pas découvrir, ce sourd mugissement perpétuel que les hommes redoutent tant,
même quand ils te contemplent, en sûreté, tremblants sur le rivage,

---

1. Les molles effluves: les parfums voluptueux.
2. Pèlerinage: voyage ayant pour destination un lieu saint ou sacré.
3. Impétuosité: vivacité.
4. Crête: partie supérieure de la vague.

EAU-FORTE DE SALVADOR DALÍ
POUR *LES CHANTS DE MALDOROR*, 1934.

230 alors, je vois qu'il ne m'appartient pas, le droit insigne[1] de me dire ton égal. C'est pourquoi, en présence de ta supériorité, je te donnerais tout mon amour (et nul ne sait la quantité d'amour que contiennent mes aspirations vers le beau), si tu ne me faisais douloureusement penser à mes semblables, qui forment avec toi le plus ironique
235 contraste, l'antithèse la plus bouffonne que l'on ait jamais vue dans la création : je ne puis pas t'aimer, je te déteste. Pourquoi reviens-je à toi, pour la millième fois, vers tes bras amis, qui s'entrouvrent, pour caresser mon front brûlant, qui voit disparaître la fièvre à leur contact ! Je ne connais pas ta destinée cachée ; tout ce qui te concerne
240 m'intéresse. Dis-moi donc si tu es la demeure du prince des ténèbres. Dis-le-moi... dis-le-moi, océan (à moi seul, pour ne pas attrister ceux qui n'ont encore connu que les illusions), et si le souffle de Satan crée les tempêtes qui soulèvent tes eaux salées jusqu'aux nuages. Il faut que tu me le dises, parce que je me réjouirais de savoir l'enfer si près de
245 l'homme. Je veux que celle-ci soit la dernière strophe de mon invocation. Par conséquent, une seule fois encore, je veux te saluer et te faire mes adieux ! Vieil océan, aux vagues de cristal... Mes yeux se mouillent de larmes abondantes, et je n'ai pas la force de poursuivre ; car je sens que le moment venu de revenir parmi les hommes, à l'aspect
250 brutal ; mais... courage ! Faisons un grand effort, et accomplissons, avec le sentiment du devoir, notre destinée sur cette terre. Je te salue, vieil océan !

---

1. Droit insigne : droit acquis.

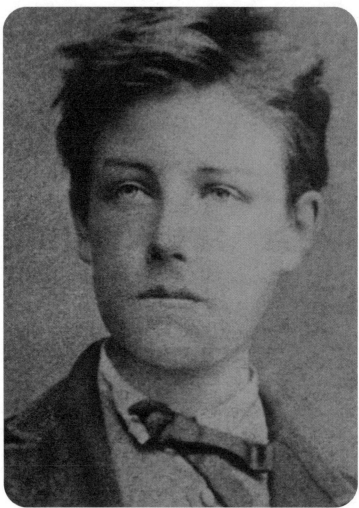

ARTHUR RIMBAUD
PHOTOGRAPHIE D'ÉTIENNE CARJAT, 1871.

## Alchimie du verbe

À moi. L'histoire d'une de mes folies.

Depuis longtemps je me vantais de posséder tous les paysages possibles, et trouvais dérisoires les célébrités de la peinture et de la poésie moderne.

5   J'aimais les peintures idiotes, dessus de portes, décors, toiles de saltimbanques*, enseignes, enluminures[1] populaires ; la littérature démodée, latin d'église, livres érotiques sans orthographe, romans de nos aïeules[2], contes de fées, petits livres de l'enfance, opéras vieux, refrains niais, rythmes naïfs.

10   Je rêvais croisades, voyages de découvertes dont on n'a pas de relations, républiques sans histoires, guerres de religion étouffées, révolutions de mœurs, déplacements de races et de continents : je croyais à tous les enchantements.

J'inventai la couleur des voyelles ! – *A* noir, *E* blanc, *I* rouge, *O* bleu, 15 *U* vert. – Je réglai la forme et le mouvement de chaque consonne, et, avec des rythmes instinctifs, je me flattai d'inventer un verbe poétique accessible, un jour ou l'autre, à tous les sens. Je réservais la traduction.

Ce fut d'abord une étude. J'écrivais des silences, des nuits, je notais l'inexprimable. Je fixais des vertiges. […]

20   La vieillerie poétique avait une bonne part dans mon alchimie[3] du verbe.

Je m'habituai à l'hallucination simple : je voyais très franchement une mosquée à la place d'une usine, une école de tambours faite par

---

1. Enluminures : lettres peintes ornant des manuscrits anciens, généralement des ouvrages religieux.
2. Aïeules : aînées, ancêtres.
3. Alchimie : science occulte mêlant savoir et superstitions dans une quête pour la découverte de la pierre philosophale (pierre merveilleuse possédant apparemment le pouvoir de transformer les métaux en or).

des anges, des calèches sur les routes du ciel, un salon au fond d'un
25 lac ; les monstres, les mystères ; un titre de vaudeville[1] dressait des
épouvantes devant moi !

Puis j'expliquai mes sophismes[2] magiques avec l'hallucination
des mots !

Je finis par trouver sacré le désordre de mon esprit. J'étais oisif[3], en
30 proie à une lourde fièvre : j'enviais la félicité[4] des bêtes, – les chenilles,
qui représentent l'innocence des limbes[5], le sommeil de la virginité !

Mon caractère s'aigrissait. Je disais adieu au monde dans d'espèces
de romances.

---

1. Vaudeville : comédie légère, pleine de rebondissements.
2. Sophismes : raisonnements faux.
3. Oisif : paresseux.
4. Félicité : destin heureux.
5. Limbes : séjour des enfants morts avant le baptême en attendant la résurrection.

## L'ÉTOILE A PLEURÉ ROSE AU CŒUR DE TES OREILLES...

L'Étoile a pleuré rose au cœur de tes oreilles,
L'infini roulé blanc de ta nuque à tes reins ;
La mer a perlé rousse à tes mammes[1] vermeilles[2]
4 Et l'Homme saigné noir à ton flanc souverain.

L'ÉTOILE A PLEURÉ ROSE AU CŒUR DE TES OREILLES...
DE RIMBAUD.
COPIE DE VERLAINE, AUTOMNE 1871.

---

1. Mammes : néologisme de Rimbaud pour désigner les mamelles ou les mamelons.
2. Vermeilles : d'un rouge vif.

# Bottom[1]

La réalité étant trop épineuse[2] pour mon grand caractère, – je me trouvai néanmoins chez Madame, en gros oiseau gris bleu s'essorant vers les moulures du plafond et traînant l'aile dans les ombres de la soirée.

5      Je fus, au pied du baldaquin[3] supportant ses bijoux adorés et ses chefs-d'œuvre physiques, un gros ours aux gencives violettes et au poil chenu[4] de chagrin, les yeux aux cristaux et aux argents des consoles[5].

Tout se fit ombre et aquarium ardent. Au matin, – aube de juin batailleuse, – je courus aux champs, âne, claironnant et brandissant 10 mon grief[6], jusqu'à ce que les Sabines[7] de la banlieue vinrent se jeter à mon poitrail.

---

1. Bottom : dans *Songe d'une nuit d'été* de Shakespeare, personnage vaniteux transformé en âne.
2. Épineuse : difficile.
3. Baldaquin : pièce de tissu que l'on place au sommet des quatre colonnes d'un lit, d'un autel (à l'église).
4. Chenu : blanchi par la vieillesse ; ici, par le chagrin.
5. Consoles : meubles sur lesquels on pose des bronzes, des vases, etc.
6. Grief : dommage subi.
7. Sabines : femmes d'Italie qui, selon la légende, furent enlevées pour servir d'épouses aux fidèles de Romulus, cofondateur de Rome.

## VILLE

Je suis un éphémère et point trop mécontent citoyen d'une métropole crue moderne parce que tout goût connu a été éludé[1] dans les ameublements et l'extérieur des maisons aussi bien que dans le plan de la ville. Ici vous ne signaleriez les traces d'aucun monument de
5 superstition[2]. La morale et la langue sont réduites à leur plus simple expression, enfin ! Ces millions de gens qui n'ont pas besoin de se connaître amènent si pareillement l'éducation, le métier et la vieillesse, que ce cours de vie doit être plusieurs fois moins long que ce qu'une statistique folle trouve pour les peuples du continent. Aussi
10 comme, de ma fenêtre, je vois des spectres nouveaux roulant à travers l'épaisse et éternelle fumée de charbon, – notre ombre des bois, notre nuit d'été ! – des Erynnies[3] nouvelles, devant mon cottage[4] qui est ma patrie et tout mon cœur puisque tout ici ressemble à ceci, – la Mort sans pleurs, notre active fille et servante, un Amour désespéré,
15 et un joli Crime piaulant[5] dans la boue de la rue.

---

1. Éludé : évité.
2. Monument de superstition : édifice à caractère religieux.
3. Erynnies : dans la mythologie, génies ailés à la chevelure de serpent, protectrices vengeresses de l'ordre établi.
4. Cottage : petite maison de campagne.
5. Piaulant : criant en pleurnichant.

GUILLAUME APOLLINAIRE
PORTRAIT DE JEAN METZINGER, 1908.

Écoute s'il pleut écoute s'il pleut

| | | | | |
|---|---|---|---|---|
| puis | sol | des | con | la |
| é | dats | Flan | fon | pluie |
| cou | a | dres | dez- | si |
| tez | veu | à | vous | ten |
| tom | gles | l' | a | dre |
| ber | per | a | vec | la |
| la | dus | go | l' | pluie |
| pluie | par | nie | ho | si |
| si | mi | sous | ri | dou |
| ten | les | la | zon | ce |
| dre | che | pluie | beaux | |
| et | vaux | fi | ê | |
| si | de | ne | tres | |
| dou | fri | la | in | |
| ce | se | pluie | vi | |
| | sous | si | si | |
| | la | ten | bles | |
| | lu | dre | sous | |
| | ne | et | la | |
| | li | si | pluie | |
| | qui | dou | fi | |
| | de | ce | ne | |

Les longs boyaux où tu chemines
        Adieu les cagnats[1] d'artilleurs
Tu retrouveras
La tranchée en première ligne
Les éléphants des pare-éclats
Une girouette maligne
Et les regards des guetteurs las [...]

---

1. Cagnats : abris militaires.

# XXXI
## Il y a

Il y a des petits ponts épatants
Il y a mon cœur qui bat pour toi
Il y a une femme triste sur la route
Il y a un beau petit cottage* dans un jardin
5   Il y a six soldats qui s'amusent comme des fous
Il y a mes yeux qui cherchent ton image
Il y a un petit bois charmant sur la colline
Et un vieux territorial[1] pisse quand nous passons
Il y a un poète qui rêve au ptit Lou
10  Il y a un ptit Lou exquis dans ce grand Paris
Il y a une batterie dans une forêt
Il y a un berger qui paît[2] ses moutons
Il y a ma vie qui t'appartient
Il y a mon porte-plume réservoir qui court qui court
15  Il y a un rideau de peupliers délicat délicat
Il y a toute ma vie passée qui est bien passée
Il y a des rues étroites à Menton où nous nous sommes aimés
Il y a une petite fille de Sospel[3] qui fouette ses camarades
Il y a mon fouet de conducteur dans mon sac à avoine
20  Il y a des wagons belges sur la voie
Il y a mon amour
Il y a toute la vie
Je t'adore

---

1. Vieux territorial : vieil homme protecteur de son territoire.
2. Paît : mène les bêtes aux champs.
3. Menton et Sospel sont des villes du sud de la France.

# XXXIII
## *MON TRÈS CHER PETIT LOU JE T'AIME...*

Mon très cher petit Lou je t'aime
Ma chère petite étoile palpitante je t'aime
Corps délicieusement élastique je t'aime
Vulve qui serre comme un casse-noisette je t'aime
5 Sein gauche si rose et si insolent je t'aime
Sein droit si tendrement rosé je t'aime
Mamelon droit couleur de champagne non champagnisé
    je t'aime
Mamelon gauche semblable à une bosse du front d'un petit
10     veau qui vient de naître je t'aime
Nymphes hypertrophiées[1] par tes attouchements fréquents
    je vous aime
Fesses exquisément agiles qui se rejettent bien en arrière je
    vous aime
15 Nombril semblable à une lune creuse et sombre je t'aime
Toison claire comme une forêt en hiver je t'aime
Aisselles duvetées comme un cygne naissant je vous aime
Chute des épaules adorablement pure je t'aime
Cuisse au galbe[2] aussi esthétique qu'une colonne de temple
20     antique je t'aime
Oreilles ourlées[3] comme de petits bijoux mexicains je
    vous aime
Chevelure trempée dans le sang des amours je t'aime
Pieds savants pieds qui se raidissent je vous aime
25 Reins chevaucheurs reins puissants je vous aime
Taille qui n'a jamais connu le corset taille souple je t'aime

---

1. Nymphes hypertrophiées : petites lèvres de la vulve surdéveloppées.
2. Galbe : contour d'un corps.
3. Ourlées : garnies.

Dos merveilleusement fait et qui s'est courbé pour moi
    je t'aime
Bouche ô mes délices ô mon nectar je t'aime
30 Regard unique regard-étoile je t'aime
Mains dont j'adore les mouvements je vous aime
Nez singulièrement aristocratique je t'aime
Démarche onduleuse et dansante je t'aime
Ô petit Lou je t'aime je t'aime je t'aime

## PRESSENTIMENT D'AMÉRIQUE

Mon enfant si nous allions en Amérique dont j'ai toujours rêvé
Sur un vaisseau fendant la mer des Antilles
Et accompagné par une nuée de poissons volants dont les
    ailes nageoires palpitent de lumière
5  Nous suivrons le fleuve Amazone en cherchant sa fée d'île en île
Nous entrerons dans les grands marécages où des forêts
    sont noyées
Salue les constrictors[1] Entrons dans les reptilières[2]
Ouïs l'oie oua-oua[3] les singes hurlent les oiseaux cloches
10  Vagues du Prororoca[4] l'immense mascaret[5]
Le dieu de ces immensités les Andes les pampas[6]
Est dans mon sein aujourd'hui mer végétale
Millions de grands moutons blonds qui s'entrepoursuivent
Les condors survenant neiges des Cordillères[7]

15  Ô cahutes[8] d'ici nos pauvres reptilières
Quand dira-t-on la guerre de naguère

dans *Poèmes à Lou*
© Éditions GALLIMARD

---

1. Les constrictors : les boas constrictors.
2. Reptilières : néologisme d'Apollinaire.
3. Oua-oua : onomatopée créée par Apollinaire.
4. Prororoca : vague puissante de l'Amazone.
5. Mascaret : vague puissante produite par la marée.
6. Pampas : vastes plaines d'Amérique du Sud.
7. Cordillères : chaîne de montagnes.
8. Cahutes : huttes médiocres, de petites dimensions.

### La colombe poignardée
### et le jet d'eau

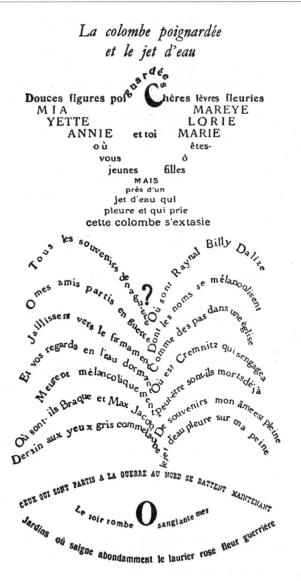

Douces figures poignardées Chères lèvres fleuries
MIA                    MAREYE
YETTE                  LORIE
ANNIE     et toi    MARIE
où                    êtes-
vous              ô
jeunes      filles
MAIS
près d'un
jet d'eau qui
pleure et qui prie
cette colombe s'extasie

Tous les souvenirs de naguère
O mes amis partis en guerre
Où sont Raynal Billy Dalize
Dont les noms se mélancolisent
Comme des pas dans une église
Jaillissent vers le firmament
Et vos regards en l'eau dormant
Meurent mélancoliquement
Où est Cremnitz qui s'engagea
Où sont Braque et Max Jacob
Derain aux yeux gris comme l'aube
Peut-être sont-ils morts déjà
De souvenirs mon âme est pleine
Le jet d'eau pleure sur ma peine

CEUX QUI SONT PARTIS A LA GUERRE AU NORD SE BATTENT MAINTENANT
Le soir tombe O sanglante mer
Jardins où saigne abondamment le laurier rose fleur guerrière

## LA COLOMBE POIGNARDÉE
## ET LE JET D'EAU

Douces figures poignardées Chères lèvres fleuries
Mya Mareye[1]
Yette Lorie
Annie et toi Marie[2]
où êtes-
vous ô
jeunes filles
Mais
près d'un
jet d'eau qui
pleure et qui prie
cette colombe s'extasie
Tous les souvenirs de naguère
Ô mes amis partis en guerre
Jaillissent vers le firmament
Et vos regards en l'eau dormant
Meurent mélancoliquement
Où sont-ils Braque et Max Jacob[3]
Derain[4] aux yeux gris comme l'aube
Où sont Raynal Billy Dalize[5]
Dont les noms se mélancolisent
Comme des pas dans une église
Où est Cremnitz[6] qui s'engagea
Peut-être sont-ils morts déjà
De souvenirs mon âme est pleine
Le jet d'eau pleure sur ma peine
Ceux qui sont partis à la guerre au nord se battent maintenant
Le soir tombe Ô sanglante mer
Jardins où saigne abondamment le laurier rose fleur guerrière

---

1. Mya Mareye : prénoms féminins.
2. Marie Laurencin (1885-1956), peintre dont Apollinaire était amoureux.
3. Georges Braque (1882-1963), peintre, et Max Jacob (1876-1944), écrivain et peintre ; amis d'Apollinaire.
4. André Derain (1880-1954), peintre majeur du fauvisme.
5. Maurice Raynal, André Billy, René Dalize ; amis d'Apollinaire.
6. Maurice Cremnitz, poète ; ami d'Apollinaire.

TRISTAN TZARA, 1924.
PHOTOGRAPHIE DE MAN RAY (1890-1976).

## Pour faire un poème dadaïste

Prenez un journal.

Prenez des ciseaux.

Choisissez dans ce journal un article ayant la longueur que vous comptez donner à votre poème.

5  Découpez l'article.

Découpez ensuite avec soin chacun des mots qui forment cet article et mettez-les dans un sac.

Agitez doucement.

Sortez ensuite chaque coupure l'une après l'autre.

10  Copiez consciencieusement

dans l'ordre où elles ont quitté le sac.

Le poème vous ressemblera.

Et vous voilà un écrivain infiniment original et d'une sensibilité charmante, encore qu'incomprise du vulgaire[†].

15    [†]Exemple : lorsque les chiens traversent l'air dans un diamant comme les idées et l'appendice de la méninge[1] montre l'heure du réveil programme (le titre est de moi)

prix ils sont hier convenant ensuite tableaux / apprécier le rêve époque des yeux / pompeusement que réciter l'évangile genre s'obscurcit / groupe l'apothéose

20  imaginer dit-il fatalité pouvoir des couleurs / tailla cintres ahuri la réalité un enchantement / spectateur tous à effort de la ce n'est plus 10 à 12 / pendant la divagation virevolte descend pression / rendre de fous queu leu leu chairs sur un monstrueuse écrasant scène / célébrer mais leur 160 adeptes dans pas aux mis en mon nacré[2] / fastueux de terre bananes soutint s'éclairer / joie demander

25  réunis presque / de la un tant que le invoquait des visions / des chante celle-ci rit / sort situation disparaît décrit celle 25 danse salut / dissimula le tout de ce n'est pas fut / magnifique l'ascension a la bande mieux lumière dont somptuosité scène me music-hall / reparaît suivant instant s'agite vivre / affaires qu'il n'y a prêtait / manière mots viennent ces gens

---

1. Méninge : cerveau.
2. Nacré : aux couleurs du prisme.

AFFICHE DU MOUVEMENT DADA DE MARCEL JANCO.

## Dégoût dadaïste

Tout produit du dégoût susceptible de devenir une négation de la famille, est *dada*; protestation aux poings de tout son être en action destructive: DADA; connaissance de tous les moyens rejetés jusqu'à présent par le sexe pudique du compromis commode et de la poli-
5 tesse: DADA; abolition de la logique, danse des impuissants de la création: DADA; de toute hiérarchie et équation sociale installée pour les valeurs par nos valets: DADA; chaque objet, tous les objets, les sentiments et les obscurités, les apparitions et le choc précis des lignes parallèles, sont des moyens pour le combat: DADA; aboli-
10 tion de la mémoire: DADA; abolition de l'archéologie: DADA; abolition des prophètes: DADA; abolition du futur: DADA; croyance absolue indiscutable dans chaque dieu produit immédiat de la spontanéité: DADA; saut élégant et sans préjudice d'une harmonie à l'autre sphère; trajectoire d'une parole jetée comme un disque sonore
15 cri; respecter toutes les individualités dans leur folie du moment: sérieuse, craintive, timide, ardente, vigoureuse, décidée, enthousiaste; peler son église de tout accessoire inutile et lourd; cracher comme une cascade lumineuse la pensée désobligeante ou amoureuse, ou la choyer – avec la vive satisfaction que c'est tout à fait égal – avec
20 la même intensité dans le buisson, pur d'insectes pour le sang bien né, et doré de corps d'archanges, de son âme. Liberté: DADA DADA DADA, hurlement des douleurs crispées, entrelacement des contraires et de toutes les contradictions, des grotesques, des inconséquences: LA VIE.

*(Dada est tatou. Tout est Dada, 1996)*

## CHANSON DADA

I

La chanson d'un dadaïste
qui avait dada au cœur
fatiguait trop son moteur
4 qui avait dada au cœur

l'ascenseur portait un roi
lourd fragile autonome
il coupa son grand bras droit
8 l'envoya au pape à Rome

c'est pourquoi
l'ascenseur
11 n'avait plus dada au cœur

mangez du chocolat
lavez votre cerveau
dada
dada
16 buvez de l'eau

II

la chanson d'un dadaïste
qui n'était ni gai ni triste
et aimait une bicycliste
20 qui n'était ni gaie ni triste

mais l'époux le jour de l'an
savait tout et dans une crise
envoya au vatican
24 leurs deux corps en trois valises

ni amant
ni cycliste
27 n'étaient plus ni gais ni tristes

mangez de bons cerveaux
lavez votre soldat
dada
dada
32 buvez de l'eau

III

la chanson d'un bicycliste
qui était dada de cœur
qui était donc dadaïste
36 comme tous les dadas de cœur

un serpent portait des gants
il ferma vite la soupape
mit des gants en peau d'serpent
40 et vint embrasser le pape

c'est touchant
ventre en fleur
43 n'avait plus dada au cœur

buvez du lait d'oiseaux
lavez vos chocolats
dada
dada
48 mangez du veau

BRETON, ÉLUARD, TZARA, PÉRET, VERS 1922.

BIBLIOTHÈQUE LITTÉRAIRE JACQUES DOUCET, PARIS.

# LES SURRÉALISTES

LOUIS ARAGON, 1923.

PORTRAIT D'HENRI MATISSE (1869-1954).

COLLECTION PRIVÉE.

## ÉCLAIRAGE À PERTE DE VUE

Je tiens ce nuage or et mauve au bout d'un jonc
l'ombrelle ou l'oiselle[1] ou la fleur
                              La chevelure
descend des cendres du soleil se décolore
5 entre mes doigts
                    Le jour est gorge-de-pigeon
Vite un miroir Participé-je à ce mirage
Si le parasol change en paradis le sol
jouons
10          à l'ange
                    à la mésange
                         au passereau[2]
Mais elles qui vaincraient les grêles et l'orage
mes ailes oublieront les bras et les travaux
15 Plus léger que l'argent de l'air où je me love[3]
je file au ras des rêts[4] et m'évade du rêve

La Nature se plie et sait ce que je vaux

dans *Le Feu de joie*
© Éditions GALLIMARD

---

1. Oiselle : oiseau femelle ; aussi, jeune fille un peu sotte.
2. Passereau : oiseau.
3. Je me love : je me blottis.
4. Rêts : filets.

## POUR DEMAIN[†]

Vous que le printemps opéra
Miracles ponctuez ma stance[1]
Mon esprit épris du départ
dans un rayon soudain se perd
5  perpétué par la cadence

La Seine au soleil d'avril danse
comme Cécile au premier bal
ou plutôt roule des pépites
vers les ponts de pierre ou les cribles[2]
10  Charme sûr La ville est le val[3]

Les quais gais comme en carnaval
vont au devant de la lumière
Elle visite les palais
surgis selon ses jeux ou lois

15  Moi je l'honore à ma manière

La seule école buissonnière[4]
et non Silène[5] m'enseigna
cette ivresse couleur de lèvres
et les roses du jour aux vitres
20  comme des filles d'Opéra

[†]*Appartient à M. Paul Valéry*[6].
dans *Le Feu de joie*
© Éditions GALLIMARD

---

1. Stance : strophe.
2. Cribles : passoires.
3. Val : vallée.
4. [Faire l'] École buissonnière : jouer, se promener au lieu d'aller à l'école.
5. Silène : dans la mythologie, vieillard jouisseur.
6. Paul Valéry (1871-1945), autre poète considéré comme l'un des précurseurs du surréalisme.

## TU M'AS TROUVÉ COMME UN CAILLOU QUE L'ON RAMASSE SUR LA PLAGE...

Tu m'as trouvé comme un caillou que l'on ramasse sur la plage
Comme un bizarre objet perdu dont nul ne peut dire l'usage
Comme l'algue sur un sextant[1] qu'échoue à terre la marée
Comme à la fenêtre un brouillard qui ne demande qu'à entrer
5  Comme le désordre d'une chambre d'hôtel qu'on n'a pas faite
Un lendemain de carrefour dans les papiers gras de la fête
Un voyageur sans billet assis sur le marchepied du train
Un ruisseau dans leur champ détourné par les mauvais riverains
Une bête des bois que les autos ont prise dans leurs phares
10  Comme un veilleur de nuit qui s'en revient dans le matin blafard[2]
Comme un rêve mal dissipé dans l'ombre noire des prisons
Comme l'affolement d'un oiseau fourvoyé[3] dans la maison
Comme au doigt de l'amant trahi la marque rouge d'une bague
Une voiture abandonnée au beau milieu d'un terrain vague
15  Comme une lettre déchirée éparpillée au vent des rues
Comme le hâle[4] sur les mains qu'a laissé l'été disparu
Comme le regard égaré de l'être qui voit qu'il s'égare
Comme les bagages laissés en souffrance[5] dans une gare
Comme une porte quelque part ou peut-être un volet qui bat
20  Le sillon pareil du cœur et de l'arbre où la foudre tomba
Une pierre au bord de la route en souvenir de quelque chose
Un mal qui n'en finit pas plus que la couleur des ecchymoses
Comme au loin sur la mer la sirène inutile d'un bateau
Comme longtemps après dans la chair la mémoire du couteau
25  Comme le cheval échappé qui boit l'eau sale d'une mare

---

1. Sextant : instrument utilisé par les marins pour mesurer la distance d'un astre par rapport à l'horizon.
2. Blafard : pâle et terne.
3. Fourvoyé : égaré.
4. Hâle : bronzage.
5. En souffrance : en suspens.

Comme un oreiller dévasté par une nuit de cauchemars
Comme une injure au soleil avec de la paille dans les yeux
Comme la colère à revoir que rien n'a changé sous les cieux
Tu m'as trouvé dans la nuit comme une parole irréparable
30 Comme un vagabond pour dormir qui s'était couché dans l'étable
Comme un chien qui porte un collier aux initiales d'autrui
Un homme des jours d'autrefois empli de fureur et de bruit

dans *Le Roman inachevé*, 1956
© Éditions GALLIMARD

## L'amour qui n'est pas un mot

Mon Dieu jusqu'au dernier moment
Avec ce cœur débile[1] et blême
Quand on est l'ombre de soi-même
Comment se pourrait-il comment
Comment se pourrait-il qu'on aime
6 Ou comment nommer ce tourment

Suffit-il donc que tu paraisses
De l'air que te fait rattachant
Tes cheveux ce geste touchant
Que je renaisse et reconnaisse
Un monde habité par le chant
12 Elsa mon amour ma jeunesse

Ô forte et douce comme un vin
Pareille au soleil des fenêtres
Tu me rends la caresse d'être
Tu me rends la soif et la faim
De vivre encore et de connaître
18 Notre histoire jusqu'à la fin

C'est miracle que d'être ensemble
Que la lumière sur ta joue
Qu'autour de toi le vent se joue
Toujours si je te vois je tremble
Comme à son premier rendez-vous
24 Un jeune homme qui me ressemble

M'habituer m'habituer
Si je ne le puis qu'on m'en blâme
Peut-on s'habituer aux flammes
Elles vous ont avant tué
Ah crevez-moi les yeux de l'âme
30 S'ils s'habituaient aux nuées

---

1. Débile : faible.

AUTOPORTRAIT DE LOUIS ARAGON.

Pour la première fois ta bouche
Pour la première fois ta voix
D'une aile à la cime des bois
L'arbre frémit jusqu'à la souche
C'est toujours la première fois
36 Quand ta robe en passant me touche

Prends ce fruit lourd et palpitant
Jettes-en la moitié véreuse[1]
Tu peux mordre la part heureuse
Trente ans perdus et puis trente ans
Au moins que ta morsure creuse
42 C'est ma vie et je te la tends

Ma vie en vérité commence
Le jour que je t'ai rencontrée
Toi dont les bras ont su barrer
Sa route atroce à ma démence
Et qui m'as montré la contrée
48 Que la bonté seule ensemence

Tu vins au cœur du désarroi
Pour chasser les mauvaises fièvres
Et j'ai flambé comme un genièvre[2]
À la Noël entre tes doigts
Je suis né vraiment de ta lèvre
54 Ma vie est à partir de toi

dans *Le Roman inachevé*, 1956
© Éditions GALLIMARD

---

1. Véreuse : qui contient un ou des vers.
2. Genièvre : fruit.

Antonin Artaud

Autoportrait, 1915.

## La Momie attachée

Tâtonne à la porte, l'œil mort
et retourné sur ce cadavre,
ce cadavre écorché que lave
4 l'affreux silence de ton corps.

L'or qui monte, le véhément[1]
silence jeté sur ton corps
et l'arbre que tu portes encore
8 et ce mort qui marche en avant.

– Vois comme tournent les fuseaux[2]
dans les fibres du cœur écarlate,
ce grand cœur où le ciel éclate
12 pendant que l'or t'immerge les os –

C'est le dur paysage de fond
qui se révèle pendant que tu marches
et l'éternité te dépasse
16 car tu ne peux passer le pont.

---

1. Véhément : puissant.
2. Fuseaux : broches dont on se sert pour filer la laine.

## Pour Lise[1]

Je veux faire rugir sous ta bague violette
2 Un Être dont les cris feront flamber ta tête de poète ;

Je veux faire briller dans ton immense bague Blanche,
Qui fait de ta main une eau dormante,
Un regard enfin prisonnier
Et qui se donne enfin
Comme une âme marine offerte aux feux premiers
8 D'un soleil engourdi dans les glaces polaires.

Enfin pour mieux marquer dans ces jours de colère
L'apaisement venu de tes cils clandestins,
Je veux faire tomber la rosée du matin
Dans ce trou d'améthyste[2] où murmure sans fin
13 Un poète enivré par ton âme lunaire.

Les reines d'aujourd'hui ne font plus de jardins en étages
Où puissent s'élever la science et la rage
16 De nos cœurs lentement possédés ;

Mais comme un roi des jours anciens
Porte comme un calendrier
Son corps barbare et tatoué,
20 Ainsi de ta tête à tes pieds

Avec tes yeux, tes colliers, tes bagues
Tu fais tourbillonner des mirages
23 Capables de tuer notre faim.

*25 août 1935.*
*Dimanche.*

dans *Œuvres complètes*, tome I.
© Éditions GALLIMARD

---

1. Lise Deharme (1898-1980), poétesse.
2. Améthyste : pierre précieuse.

## Texte surréaliste

Le monde physique est encore là. C'est le parapet du moi[1] qui regarde, sur lequel un poisson d'ocre rouge est resté, un poisson fait d'air sec, d'une coagulation d'eau retirée.

Mais quelque chose s'est produit tout à coup.

5 Il est né une arborescence[2] brisante, avec des reflets de fronts, élimés[3], et quelque chose comme un nombril parfait, mais vague, et qui avait la couleur d'un sang trempé d'eau, et au-devant était une grenade qui épandait aussi un sang mêlé d'eau, qui épandait un sang dont les lignes pendaient ; et dans ces lignes, des cercles de seins tracés 10 dans le sang du cerveau.

Mais l'air était comme un vide aspirant dans lequel ce buste de femme venait dans le tremblement général, dans le secouement de ce monde vitré, qui virait en éclats de fronts, et secouait sa végétation de colonnes, ses nichées d'œufs, ses nœuds en spires[4], ses montagnes 15 mentales, ses frontons[5] étonnés. Et dans les frontons des colonnes des soleils par hasard s'étaient pris, des soleils dressés sur des jets d'air comme des œufs, et mon front écartait ces colonnes, et l'air floconneux, et les miroirs de soleils, et les spires naissantes, vers la ligne précieuse des seins, et le creux du nombril, et le ventre qui n'était pas.

20 Mais toutes les colonnes perdent leurs œufs, et en rupture de la ligne des colonnes il naît des œufs en ovaires, des œufs en sexes retournés.

La montagne est morte, l'air est éternellement mort. Dans cette rupture décisive d'un monde, tous les bruits sont pris dans la glace, le 25 mouvement est pris dans la glace ; et l'effort de mon front s'est gelé.

---

1. Le parapet du moi : le garde-fou de la conscience.
2. Arborescence : multiplication d'éléments donnés (comme les branches d'un arbre).
3. Élimés : usés.
4. Spires : enroulements.
5. Frontons : en architecture, l'une des parties formant la façade d'un bâtiment.

Mais sous la glace un bruit effrayant traversé de cocons de feu entoure le silence du ventre nu et privé de glace, et il monte des soleils retournés et qui se regardent, des lunes noires, des feux terrestres, des trombes[1] de laits.

30  La froide agitation des colonnes partage en deux mon esprit, et je touche mon sexe à moi, le sexe du bas de mon âme, qui monte en triangle enflammé[†].

[†] *Ce texte a été écrit sous l'inspiration des tableaux de M. André Masson[2].*

---

1. Trombes : pluies torrentielles.
2. André Masson (1896-1987), peintre surréaliste.

# Rêve

## I

C'était un cinématographe[1] aérien. Du haut d'un aéroplane[2] immuable on cinématographiait l'envol d'une mécanique précise qui savait ce qu'elle faisait. L'air était plein d'un ronron lapidaire[3] comme la lumière qui l'emplissait. Mais le phare parfois ratait l'appareil.

5 À la fin, nous ne fûmes plus que deux ou trois sur les ailes de la machine. L'aéroplane pendait au ciel. Je me sentais dans un équilibre odieux. Mais comme la mécanique se renversait, il nous fallut faire un tour dans le vide en nous rétablissant sur des anneaux. À la fin l'opération réussit, mais mes amis étaient partis ; il ne restait plus que les méca-10 niciens ajusteurs qui faisaient tourner leurs vilebrequins dans le vide.

À cet instant, un des deux fils cassa :

– Arrêtez les travaux, leur criai-je, je tombe !

Nous étions à cinq cents mètres du sol.

– Patience, me répondit-on, vous êtes né pour tomber.

15 Il nous fallait éviter de marcher sur les ailes de la machine. Je les sentais pourtant résistantes sous moi.

– C'est que si je tombe, hurlai-je, je savais bien que je ne sais pas voler.

Et je sentis que tout craquait.

20 Un cri : Envoyez les « lancets[4] » !

Et immédiatement *j'imaginai* mes jambes saisies par le coup de rasoir du lasso, l'aéroplane quitter mes pieds, et moi suspendu dans le vide, les pieds au plafond.

Je ne sus jamais *si c'était arrivé*.

---

1. Cinématographe : appareil capable de reproduire le mouvement par l'enchaînement de photographies ; par extension, « cinéma ».
2. Aéroplane : avion.
3. Ronron lapidaire : grondement (ronron) précis et bref (lapidaire).
4. Lancets : lances.

## II

25 Et immédiatement, j'en arrivai à la cérémonie matrimoniale attendue. C'était un mariage où on ne mariait que des vierges, mais il y avait aussi des actrices, des prostituées ; et pour arriver à la vierge, il fallait passer un petit fleuve, un cours d'eau hérissé de joncs. Or les maris se renfermaient avec les vierges et les entreprenaient immédiatement.

30 Une entre autres, plus vierge que les autres, avait une robe à carreaux clairs, des cheveux frisés. Elle fut possédée par un acteur connu. Elle était petite et assez forte. Je regrettai qu'elle ne m'aimât pas.

La chambre dans laquelle on la mit avait une porte qui fermait mal, et à travers la fente de la porte j'assistai à son abandon. J'étais 35 d'ailleurs assez loin de la fente, mais de tous les gens qui étaient dans la salle nul autre que moi ne s'occupait de ce qui se passait dans la chambre. Je la voyais déjà nue et debout, et j'admirais comment son impudeur était enveloppée de fraîcheur et d'une espèce de décision résolue. Elle sentait très bien son sexe, mais comme une chose abso- 40 lument naturelle et normale à ce moment-là : elle était avec un jeune mari. Et donc nous la poursuivîmes en bateau.

## III

Nous étions trois en robe de moine, et comme suite à la robe de moine, Max Jacob* arriva en petit manteau. Il voulait me réconcilier avec la vie, avec la vie ou avec lui-même, et je sentais en avant de moi 45 la masse morte de ses raisons.

Auparavant, nous avions traqué quelques femmes. Nous les possédions sur des tables, au coin des chaises, dans les escaliers, et l'une d'elles était ma sœur.

Les murs étaient noirs, les portes s'y découpaient nettement, et 50 laissaient percer des éclairages de caveaux[1]. Le décor tout entier était une *analogie* volontaire et *créée*. Ma sœur était couchée sur une table, elle était déjà grosse[2] et avait beaucoup de manteaux. Mais elle était sur un autre plan que moi-même dans un autre milieu.

---

1. Caveaux : constructions souterraines servant de sépultures.
2. Grosse : enceinte.

Il y avait des tables et des portes lucides, des escaliers. Je sentis que
55 tout cela était laid. Et nous avions mis des robes longues pour masquer notre péché.

Or ma mère arriva en costume d'abbesse. Je redoutai qu'elle n'ar-
rivât. Mais le manteau court de Max Jacob démontrait qu'il n'y avait
plus rien à cacher.

60 Il avait deux manteaux, l'un vert et l'autre jaune, et le vert était
plus long que le jaune. Ils apparurent successivement. Nous compulsâmes[1] nos papiers.

---

1. Compulsâmes : feuilletâmes attentivement.

## L'Activité du bureau de recherches
## des surréalistes

Le fait d'une révolution surréaliste dans les choses est applicable à tous les états de l'esprit,

à tous les genres d'activité humaine,

à tous les états du monde au milieu de l'esprit,

5     à tous les faits établis de morale,

à tous les ordres d'esprit.

Cette révolution vise à une dévalorisation générale des valeurs, à la dépréciation de l'esprit, à la déminéralisation[1] de l'évidence, à une confusion absolue et renouvelée des langues,

10     au dénivellement de la pensée.

Elle vise à la rupture et à la disqualification de la logique qu'elle pourchassera jusqu'à l'extirpation[2] de ses retranchements primitifs.

Elle vise au reclassement spontané des choses suivant un ordre plus profond et plus fin, et impossible à élucider par les moyens de la

15 raison ordinaire, mais un ordre tout de même, et perceptible à l'on ne sait quel sens…, mais perceptible tout de même, et un ordre qui n'appartient pas tout à fait à la mort.

Entre le monde et nous la rupture est bien établie. Nous ne parlons pas pour nous faire comprendre, mais seulement à l'intérieur de

20 nous-mêmes, avec des socs[3] d'angoisse, avec le tranchant d'une obstination acharnée, nous retournons, nous dénivelons la pensée.

Le bureau central des recherches surréalistes s'applique de toutes ses forces à ce reclassement de la vie.

Il y a toute une philosophie du surréalisme à instituer, ou ce qui

25 peut en tenir lieu.

---

1. Déminéralisation : adoucissement.
2. Extirpation : arrachement.
3. Socs : pièces des charrues qui tranchent la terre.

Il ne s'agit pas à proprement parler d'établir des canons, des préceptes[1], mais de trouver :

1° Des moyens d'investigation surréaliste au sein de la pensée surréaliste ;

30   2° De fixer des repères, des moyens de reconnaissance, des conduits, des îlots.

On peut, on doit admettre jusqu'à un certain point une mystique[2] surréaliste, un certain ordre de croyances évasives par rapport à la raison ordinaire, mais toutefois bien déterminées, touchant à des 35 points bien fixés de l'esprit.

Le surréalisme, plutôt que des croyances, enregistre un certain ordre de répulsions[3].

Le surréalisme est avant tout un état d'esprit, il ne préconise pas de recettes.

40   Le premier point est de se bien placer en esprit.

Nul surréaliste n'est au monde, ne se pense dans le présent, ne croit à l'efficacité de l'esprit-éperon, de l'esprit-guillotine, de l'esprit-juge, de l'esprit-docteur[4], et résolument il s'espère à côté de l'esprit.

Le surréaliste a jugé l'esprit.

45   Il n'a pas de sentiments qui fassent partie de lui-même, il ne se reconnaît aucune pensée. Sa pensée ne lui fabrique pas de monde auquel *raisonnablement* il acquiesce.

Il désespère de s'atteindre l'esprit.

Mais enfin il est dans l'esprit, c'est de l'intérieur qu'il se juge, et 50 devant sa pensée le monde ne pèse pas lourd. Mais dans l'intervalle de quelque perte, de quelque manquement à lui-même, de quelque résorption[5] instantanée de l'esprit, il verra apparaître la bête blanche, la bête vitreuse et qui pense.

---

1. Canons, préceptes : normes, règles.
2. Mystique : ensemble d'affirmations absolues à propos de ce que l'on considère comme supérieur.
3. Répulsions : aversions.
4. L'esprit-éperon, l'esprit-guillotine, l'esprit-juge, l'esprit-docteur : néologismes d'Artaud pour désigner certaines attitudes à condamner.
5. Résorption : disparition.

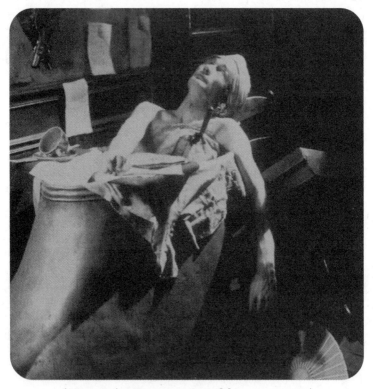

ANTONIN ARTAUD INCARNANT MARAT ASSASSINÉ
DANS *NAPOLÉON*, D'ABEL GANCE.

C'est pourquoi il est une Tête, il est la seule Tête qui émerge dans le
55 présent. Au nom de sa liberté intérieure, des exigences de sa paix, de sa
perfection, de sa pureté, il crache sur toi, monde livré à la desséchante[1] raison, au mimétisme[2] embourbé[3] des siècles, et qui as bâti tes
maisons de mots et établi tes répertoires de préceptes*[†] où il ne se peut
plus que le surréel esprit n'explose, le seul qui vaille de nous déraciner.

60     *[†]Ces notes que les imbéciles jugeront du point de vue du sérieux et les
malins du point de vue de la langue sont un des premiers modèles, un des
premiers aspects de ce que j'entends par la Confusion de ma langue. Elles
s'adressent aux confus de l'esprit, aux aphasiques[4] par arrêt de la
langue. Que voilà pourtant bien des notes qui sont au centre de leur
65 objet. Ici la pensée fait défaut, ici l'esprit laisse apercevoir ses membres.
Que voilà des notes imbéciles, des notes, primaires, comme dit cet autre,
« dans les articulations de leur pensée ». Mais des notes fines vraiment.
    Quel esprit bien placé n'y découvrira un redressement perpétuel de la
langue, et la tension après le manque, la connaissance du détour, l'accep-
70 tation du mal-formulé. Ces notes qui méprisent la langue, qui crachent
sur la pensée.
    Et toutefois entre les failles d'une pensée humainement mal
construite, inégalement cristallisée[5], brille une volonté de sens. La volonté de mettre au jour les détours d'une chose encore mal faite, une
75 volonté de croyance.
    Ici s'installe une certaine Foi,
    mais que les coprolaliques[6] m'entendent, les aphasiques, et en général
tous les discrédités des mots et du verbe, les parias[7] de la Pensée.
    Je ne parle que pour ceux-là.

---

1. Desséchante : qui rend insensible.
2. Mimétisme : imitation ; ici, au sens de « répétition ».
3. Embourbé : enfoncé dans la boue, coincé dans une situation difficile.
4. Aphasiques : personnes souffrant d'un trouble de l'expression et de la compréhension du langage.
5. Inégalement cristallisée : encore floue par endroits.
6. Coprolaliques : ceux qui ont tendance à utiliser des mots scatologiques et orduriers.
7. Parias : exclus.

ANDRÉ BRETON

PORTRAIT PRÉSENTÉ DANS LA VITRINE D'*ARCANE 17*,
NEW YORK, 1944.

## Monde

Dans le salon de madame des Ricochets
Les miroirs sont en grains de rosée pressés
La console* est faite d'un bras dans du lierre
Et le tapis meurt comme les vagues
5  Dans le salon de madame des Ricochets
Le thé de lune est servi dans des œufs d'engoulevent[1]
Les rideaux amorcent la fonte des neiges
Et le piano en perspective perdue sombre d'un seul
    bloc dans la nacre[2]
10 Dans le salon de madame des Ricochets
Des lampes basses en dessous de feuilles de tremble
Lutinent la cheminée en écailles de pangolin[3]
Quand madame des Ricochets sonne
Les portes se fendent pour livrer passage aux servantes
15    en escarpolette[4]

dans *Alentours II* recueilli dans
*Œuvres complètes,* tome II,
Bibliothèque de la Pléiade.
© Éditions GALLIMARD

---

1. Engoulevent : oiseau nocturne.
2. Nacre : substance aux reflets colorés et changeants.
3. Pangolin : mammifère d'Asie couvert d'écailles.
4. Escarpolette : balançoire.

## TOURNESOL[1]

*À Pierre Reverdy*[2].

La voyageuse qui traversa les Halles[3] à la tombée de l'été
Marchait sur la pointe des pieds
Le désespoir roulait au ciel ses grands arums[4] si beaux
Et dans le sac à main il y avait mon rêve ce flacon de sels[5]
5   Que seule a respirés la marraine de Dieu
Les torpeurs[6] se déployaient comme la buée
Au Chien qui fume[7]
Où venaient d'entrer le pour et le contre
La jeune femme ne pouvait être vue d'eux que mal et de biais
10  Avais-je affaire à l'ambassadrice du salpêtre[8]
Ou de la courbe blanche sur fond noir que nous appelons pensée
Le bal des innocents battait son plein
Les lampions prenaient feu lentement dans les marronniers
La dame sans ombre s'agenouilla sur le Pont-au-Change[9]

15  Rue Gît-le-Cœur[10] les timbres n'étaient plus les mêmes
Les promesses des nuits étaient enfin tenues
Les pigeons voyageurs les baisers de secours
Se joignaient aux seins de la belle inconnue
Dardés[11] sous le crêpe[12] des significations parfaites
20  Une ferme prospérait en plein Paris

---

1. Tournesol : en plus de désigner la plante aux grandes fleurs jaunes, désigne également un colorant bleu utilisé en photographie (papier de tournesol).
2. Pierre Reverdy (1889-1960), poète, autre précurseur du surréalisme.
3. Les Halles : quartier de Paris.
4. Arums : plantes sauvages.
5. Sels : substances que l'on fait respirer pour ranimer les esprits.
6. Torpeurs : engourdissements.
7. Au Chien qui fume : restaurant.
8. Salpêtre : mélange de nitrates divers que l'on retrouve sur les vieux murs.
9. Pont-au-Change : pont de Paris.
10. Rue Gît-le-Cœur : rue du Quartier latin, à Paris.
11. Dardés : lancés.
12. Crêpe : tissu.

Et ses fenêtres donnaient sur la voie lactée
Mais personne ne l'habitait encore à cause des survenants
Des survenants qu'on sait plus dévoués que les revenants
Les uns comme cette femme ont l'air de nager
25 Et dans l'amour il entre un peu de leur substance
Elle les intériorise
Je ne suis le jouet d'aucune puissance sensorielle
Et pourtant le grillon qui chantait dans les cheveux de cendre
Un soir près de la statue d'Étienne Marcel[1]
30 M'a jeté un coup d'œil d'intelligence
André Breton a-t-il dit passe

dans *Clair de terre*
© Éditions GALLIMARD

---

1. Étienne Marcel (1316-1358), homme politique français qui se révolta contre le pouvoir royal.

## L'UNION LIBRE

Ma femme à la chevelure de feu de bois
Aux pensées d'éclairs de chaleur
À la taille de sablier
Ma femme à la taille de loutre entre les dents du tigre
5 Ma femme à la bouche de cocarde[1] et de bouquet d'étoiles de dernière grandeur
Aux dents d'empreintes de souris blanche sur la terre blanche
À la langue d'ambre[2] et de verre frottés
Ma femme à la langue d'hostie poignardée
10 À la langue de poupée qui ouvre et ferme les yeux
À la langue de pierre incroyable
Ma femme aux cils de bâtons d'écriture d'enfant
Aux sourcils de bord de nid d'hirondelle
Ma femme aux tempes d'ardoise de toit de serre
15 Et de buée aux vitres
Ma femme aux épaules de champagne
Et de fontaine à têtes de dauphins sous la glace
Ma femme aux poignets d'allumettes
Ma femme aux doigts de hasard et d'as de cœur
20 Aux doigts de foin coupé
Ma femme aux aisselles de martre[3] et de fênes[4]
De nuit de la Saint-Jean
De troène[5] et de nid de scalares[6]
Aux bras d'écume de mer et d'écluse
25 Et de mélange du blé et du moulin
Ma femme aux jambes de fusée
Aux mouvements d'horlogerie et de désespoir

---

1. Cocarde : insigne aux couleurs nationales ou ruban décoratif.
2. Ambre : résine dure et transparente (ambre jaune).
3. Martre : mammifère dont la fourrure sert à la confection de manteaux.
4. Fênes (ou faînes) : fruits du hêtre.
5. Troène : plante à fleurs blanches.
6. Scalares (ou scalaires) : poissons d'Amazonie communément appelés « anges ».

Ma femme aux mollets de moelle de sureau[1]
Ma femme aux pieds d'initiales
30 Aux pieds de trousseaux de clés aux pieds de calfats[2] qui boivent
Ma femme au cou d'orge imperlé[3]
Ma femme à la gorge de Val d'or
De rendez-vous dans le lit même du torrent
Aux seins de nuit
35 Ma femme aux seins de taupinière[4] marine
Ma femme aux seins de creuset[5] du rubis
Aux seins de spectre de la rose sous la rosée
Ma femme au ventre de dépliement d'éventail des jours
Au ventre de griffe géante
40 Ma femme au dos d'oiseau qui fuit vertical
Au dos de vif-argent[6]
Au dos de lumière
À la nuque de pierre roulée et de craie mouillée
Et de chute d'un verre dans lequel on vient de boire
45 Ma femme aux hanches de nacelle
Aux hanches de lustre et de pennes[7] de flèche
Et de tiges de plumes de paon blanc
De balance insensible
Ma femme aux fesses de grès et d'amiante
50 Ma femme aux fesses de dos de cygne
Ma femme aux fesses de printemps
Au sexe de glaïeul

---

1. Sureau : arbre aux fleurs odorantes qui donnent de petits fruits rouges ou noirs.
2. Calfats : ouvriers chargés de rendre étanche un navire.
3. Imperlé : contenant des perles (néologisme de Breton).
4. Taupinière : petit monticule formé par l'accumulation de terre lorsque la taupe creuse ses galeries.
5. Creuset : récipient qui sert à faire fondre certaines substances.
6. Vif-argent : mercure.
7. Pennes : ailerons des flèches.

Ma femme au sexe de placer[1] et d'ornithorynque[2]
Ma femme au sexe d'algue et de bonbons anciens
55 Ma femme au sexe de miroir
Ma femme aux yeux pleins de larmes
Aux yeux de panoplie[3] violette et d'aiguille aimantée
Ma femme aux yeux de savane
Ma femme aux yeux d'eau pour boire en prison
60 Ma femme aux yeux de bois toujours sous la hache
Aux yeux de niveau d'eau de niveau d'air de terre et de feu

(*L'Union libre*, 1931)

dans *Le Revolver à cheveux blancs*
© Éditions GALLIMARD

---

1. Placer : gisement d'or.
2. Ornithorynque : mammifère d'Australie.
3. Panoplie : ensemble d'armes monté sur un plateau et servant de trophée.

## Sur la route de San Romano[1]

La poésie se fait dans un lit comme l'amour
Ses draps défaits sont l'aurore des choses
La poésie se fait dans les bois

*Elle a l'espace qu'il lui faut*
5 Pas celui-ci mais l'autre que conditionnent
        L'œil du milan[2]
        La rosée sur une prêle[3]
        Le souvenir d'une bouteille de Traminer[4] embuée
          sur un plateau d'argent
10         Une haute verge de tourmaline[5] sur la mer
        Et la route de l'aventure mentale
        Qui monte à pic
        Une halte elle s'embroussaille aussitôt

Cela ne se crie pas sur les toits
15 Il est inconvenant de laisser la porte ouverte
Ou d'appeler des témoins

        Les bancs de poissons les haies de mésanges
        Les rails à l'entrée d'une grande gare
        Les reflets des deux rives
20         Les sillons dans le pain
        Les bulles du ruisseau
        Les jours du calendrier
        Le millepertuis[6]

1. San Romano : ville d'Italie.
2. Milan : oiseau de proie.
3. Prêle : plante qui pousse dans des endroits humides.
4. Traminer : vin aromatique.
5. Verge de tourmaline : pic rocheux fait de tourmaline (sorte de pierre).
6. Millepertuis : herbe ou arbrisseau utilisés comme baume.

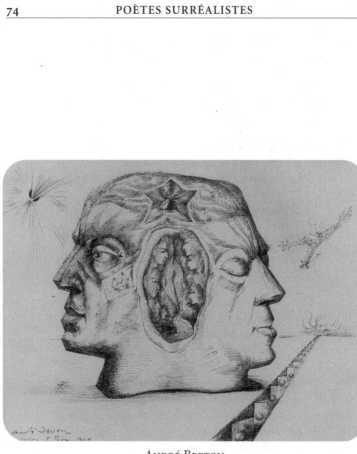

ANDRÉ BRETON
PORTRAIT D'ANDRÉ MASSON, 1941.

L'acte d'amour et l'acte de poésie
25 Sont incompatibles
Avec la lecture du journal à haute voix

      Le sens du rayon de soleil
      La lueur bleue qui relie les coups de hache
         du bûcheron
30     Le fil du cerf-volant en forme de cœur
         ou de nasse[1]
      Le battement en mesure de la queue des castors
      La diligence de l'éclair
      Le jet de dragées[2] du haut des vieilles marches
35     L'avalanche

La chambre aux prestiges
Non messieurs ce n'est pas la huitième Chambre
Ni les vapeurs de la chambrée[3] un dimanche soir

      Les figures de danse exécutées en transparence
40         au-dessus des mares
      La délimitation contre un mur d'un corps de
         femme au lancer de poignards
      Les volutes[4] claires de la fumée
      Les boucles de tes cheveux
45     La courbe de l'éponge des Philippines
      Les lacés du serpent corail
      L'entrée du lierre dans les ruines
      *Elle a tout le temps devant elle*

L'étreinte poétique comme l'étreinte de chair
50 Tant qu'elle dure
Défend toute échappée sur la misère du monde

(*Oubliés*, 1948)

dans *Poèmes*
© Éditions GALLIMARD

---

1. Nasse : panier.
2. Dragées : plombs de chasse.
3. Chambrée : pièce où logent les soldats.
4. Volutes : spirales.

## ARCANE[1] 17

La géométrie d'un temps non entièrement révolu exigerait pour s'édifier l'appel à un observateur idéal, soustrait aux contingences de ce temps, ce qui tout d'abord implique la nécessité d'un lieu d'observation idéal et, si tout m'interdit de me substituer à cet
5 observateur, il n'en est pas moins vrai que nul lieu ne m'a paru se conformer si bien aux conditions requises que le Rocher Percé, tel qu'à certaines heures il se découvre pour moi. C'est quand, à la tombée du jour ou certains matins de brouillard, se voilent les détails de sa structure, que s'épure en lui l'image d'une nef toujours
10 impérieusement commandée. À bord tout signale le coup d'œil infaillible du capitaine, mais d'un capitaine qui serait un magicien aussi. C'est que le bâtiment, tout à l'heure dépourvu de ses agrès[2], semble tout à coup frété[3] pour le plus vertigineux des voyages au long cours. On explique, en effet, que l'eau qui s'accumule en
15 automne dans les crevasses du rocher y gèle pendant l'hiver, entraînant la distension[4] continue de l'écorce qui se marque par des éboulis annuels de trois cents tonnes environ. Les experts en ces matières ne nous ont, bien entendu, pas fait grâce de l'opération arithmétique puérile qui, une fois évalué le poids total du rocher à
20 quatre millions de tonnes, permet de déduire le temps global qu'il doit mettre à disparaître, soit treize mille ans. Si peu autorisé que soit ce calcul, il n'en a pas moins la vertu de mettre l'énorme bâtiment en marche, de le pourvoir de moteurs dont la puissance soit en rapport avec le très lent et pourtant très sensible processus de
25 désagrégation qu'il subit. Il est beau, il est émouvant que sa longévité ne soit pas sans terme et en même temps qu'elle couvre une telle succession d'existences humaines. Dans sa profondeur on a plus que le temps de voir naître et mourir une ville comme Paris où des coups de feu retentissent en ce moment jusqu'à l'intérieur de Notre-Dame,

---

1. Arcane : préparation mystérieuse, réservée aux initiés.
2. Agrès : ensemble des éléments qui permettent au navire de naviguer.
3. Frété : loué.
4. Distension : relâchement.

30 dont la grande rosace[1] se retourne. Et voici que cette grande rosace
   vire et gire dans le rocher : sans nul doute ces coups marquaient un
   signal convenu car *le rideau se lève*. On a soutenu que, devant le
   Rocher Percé, la plume et le pinceau devaient s'avouer impuissants
   et il est vrai que ceux qui sont appelés à en parler le moins superfi-
35 ciellement croiront avoir tout dit quand ils auront attesté de la magnificence de ce rideau, quand leur voix soudain plus grave aura
   tenté d'en rendre l'éclat sombre, quand ils auront pu mettre quelque
   ordre dans la modulation de la masse d'air qui vibre dans ses tuyaux
   magistralement contrariés. Mais, faute de savoir que c'est là un
40 rideau, comment se douteraient-ils que son écrasante draperie
   dérobe une scène à plusieurs plans ? Et tout d'abord derrière lui
   s'échafaude, en manière de prologue, un conte d'enfant qui n'a
   d'autre portée que de régler les lumières : la dure gelée à cheveux
   blancs n'y voit presque plus ; sa cuisine de sorcière à tout rompre,
45 elle ne sait plus la faire que dans les grandes marmites, à la porte de
   la maison. Quelle que soit sa rage de ne pouvoir tout mettre en
   miettes, chaque fois qu'elle sort elle doit enfermer à double tour la
   petite fille qui a la garde de son harfang. Mais l'oiseau a gagné
   la confiance de l'enfant en l'instruisant des aurores boréales : en
50 échange de la liberté, il lui a donné le secret d'allumer instantané-
   ment, en quelque angle qu'elle veuille de l'âcre pièce, un œil étince-
   lant et fixe, pareil au sien – il suffit de toucher une coquille vide de
   noisette avec une paille humide du balai. Comme ce jeu s'avère le
   plus captivant de tous et que la petite fille, à écouter le harfang, a
55 acquis une vue assez perçante pour pouvoir se donner un bal à travers le chas d'une aiguille[2], elle ne tarde pas à promener la paille
   enchantée à travers tous les orifices possibles, depuis le piqueté de
   l'écumoire[3] jusqu'au trou de serrure, depuis l'œillet d'une vieille
   chaussure jusqu'à la dernière boutonnière de vêtement. Et tout cela

---

1. Rosace : vitrail d'église de forme circulaire.
2. Le chas d'une aiguille : le trou d'une aiguille.
3. Le piqueté de l'écumoire : les trous d'un instrument de cuisine servant à retirer les aliments
   d'un liquide ou à les écumer.

60 se met, non seulement à regarder, mais à faire de la lumière, et
toutes les lumières s'apprêtent à communiquer, tout en gardant les
aspects distinctifs de leurs sources : il y en a qui partent d'une
amande bleue dans laquelle est pratiquée une fenêtre derrière
laquelle s'allume une lampe, d'autres d'un gros grêlon qui com-
65 mence à fondre dans une rue poussiéreuse, d'autres d'un écheveau[1] de soie verte déteinte sous la griffe du chat noir, d'autres de
ce qui peut sécher de sang au doigt d'une belle Arabe, du fait d'une
piqûre de rosier. Où je fais intervenir cette petite fille, où pour
peindre ne fût-ce qu'une seule agate de Percé, je voudrais la faire
70 sauter à la corde à l'intérieur des pierres, les chimistes s'obstineront
à ne voir que la silice[2] qui, portée par l'eau, se dépose et se cristal-
lise dans les cavités minérales. Mais la petite fille n'a eu qu'à se
diriger vers le balai pour les mettre en fuite. C'en est fait : toutes les
lumières communiquent. La vieille masure[3] n'est plus, le balai s'est
75 transformé en une aigrette[4] qui fait la roue sur toute l'étendue du
rocher. Le corps de l'aigrette est venu tout naturellement s'insérer
dans la découpure de la brèche, là même où j'ai tant aimé prendre
l'angle de vision nécessaire pour voir le soleil se lever, et c'est ce
corps vaporeux qui supporte toute l'arche maintenant sans poids.
80 Sur un plateau tournant, les éléphants blancs enchaînés au rythme
du vent et des flots restent le genou plié à faire tourner en mesure
les lunes de leurs ongles, leurs trompes brandies vers le ciel n'en-
gendrant plus que de leur insensible balancement l'image maintenant transparente du rocher. Là où l'on ne pouvait voir tout à
85 l'heure que les traînées serpentines du quartz, ces trompes à leur
tour se perdent dans la lumière diffuse pour faire place à mille
hérauts porteurs d'oriflammes[5] qui s'égaillent en tous sens. Dans

---

1. Écheveau : assemblage de fils repliés.
2. Silice : corps solide blanc ou incolore.
3. Masure : cabane.
4. Aigrette : boule de poils du pissenlit poussée par le vent.
5. Hérauts porteurs d'oriflammes : messagers portant des drapeaux.

ces pavois[1] clairs frangés d'or, nul ne s'aviserait de reconnaître tout
ce qui s'est hissé et se hisse encore d'étoffe rude au-dessus des entre-
90 prises périlleuses des hommes. Et c'est pourtant toute la houle[2] de
ces bannières, commandée, on l'a vu, par un rejet du drapeau pirate
et en proie à une transmutation[3] éblouissante, qui s'empare du
rocher jusqu'à paraître faire toute sa substance. Et la proclamation,
claironnée aux quatre vents, est en effet d'importance puisque des
95 bouches rayonnantes gansées de soie arc-en-ciel ne se propage à
tous échos que la nouvelle de toujours : la grande malédiction est
levée, c'est dans l'amour humain que réside toute la puissance de
régénération du monde. « Et un ange fort souleva une pierre semblable à une grande meule de moulin et la précipita dans la mer
100 disant : "C'est avec ce fracas et cette impétuosité* que tombera cette
grande Babylone[4] et on ne la verra plus." » Mais la prophétie omet
de dire qu'il est une autre pierre semblable à une grande meule de
moulin qui lui fait exactement contrepoids sur la balance des flots,
qui s'élève tumultueusement, fougueusement d'autant plus que
105 l'autre s'enfonce : c'est l'amour de l'homme et de la femme que le
mensonge, l'hypocrisie et la misère psychologique retiennent encore
de donner sa mesure, lui qui historiquement pour naître a dû
déjouer la vigilance des vieilles religions furibondes[5] et qui commence à balbutier si tard, dans le chant des troubadours. Et dans la
110 pierre qui monte, toujours une avec le rocher que je contemple,
s'arc-boutent[6], transpercés de tous les rayons de la lune, les contreforts des vieux châteaux d'Aquitaine[7] et d'ailleurs, en arrière-plan
desquels celui de Montségur[8], qui brûle toujours. Là, cette fenêtre
prise dans le lierre, cette fenêtre aux vitraux rouges striés d'éclairs,

---

1. Pavois : boucliers.
2. Houle : mouvement ondulatoire.
3. Transmutation : changement total de nature.
4. Babylone : célèbre ville de l'Antiquité, au sud de Bagdad.
5. Furibondes : furieuses.
6. S'arc-boutent : s'appuient.
7. Les contreforts des vieux châteaux d'Aquitaine : les piliers des châteaux de cette région
   de la France.
8. Montségur : château du Moyen Âge construit au sommet d'un rocher.

115 c'est la fenêtre de Juliette[1]. Cette chambre, au premier étage d'une
auberge perdue de la vallée, dont la porte laissée ouverte livre passage à tous les musiciens du torrent, c'est celle où Kleist[2], prêt à dés-
armer pour toujours la solitude, a passé sa dernière nuit. Cette pâle
tour, le long de laquelle s'épand une cascade de blondeur qui vient
120 se perdre dans le sable, c'est la tour de Mélisande[3], comme si ses
yeux gouttière d'hirondelles d'avril et sa bouche arbres en fleurs
n'étaient près de moi dans cette loge d'où nous regardons. Dans la
pierre qui monte, maintenant tout embuée de bleu mais égratignée
de lueurs vermeilles* vagabondes – à croire que beau sang humain
125 ne peut faillir – on peut encore voir le navire lever l'ancre, ses che-
minées vomissant à grandes volutes* le fascinateur[4] vaincu *qui n'est
aucunement celui qu'on dit,* mais bien le boa qui se lovait[5] dans les
méandres[6] de la roche pesante et qui, lorsque la pensée filait d'ici
vers d'autres régions, venait siffler quand ce n'était ouvrir sa gueule
130 triangulaire dans l'échancrure[7]. C'est lui, on a eu le temps de le
reconnaître, lui l'unique artisan de l'opacité et du malheur, celui qui
triomphe sans lutter : « Ni mort, ni vivant. Du brouillard. De la
boue. Pas de forme », celui qui se nomme au jeune Peer Gynt : *le
grand Courbe*[8]. Nul doute qu'il ne renaisse plus impudent[9] et plus

1. Juliette : personnage de la pièce *Roméo et Juliette* de Shakespeare (1564-1616).
2. Heinrich von Kleist (1777-1811), dramaturge allemand qui s'est suicidé avec sa compagne.
3. Mélisande : personnage féminin du drame lyrique de Maurice Maeterlinck (1862-1949)
   et de l'opéra de Claude Debussy (1862-1918) tiré de cette pièce.
4. Fascinateur : charmeur, séducteur.
5. Se lovait : s'enroulait sur lui-même.
6. Méandres : dédales.
7. Échancrure : déchirure dans la paroi.
8. Celui qui se nomme au jeune Peer Gynt : le grand Courbe : personnages du drame fantastique
   de Henrik Ibsen (1828-1906), *Peer Gynt*. Le grand Courbe apprend au jeune Peer Gynt, lâche
   mais ivre d'aventures, à prendre des détours afin de mieux fuir les difficultés de la vie.
9. Impudent : effronté.

135 lâche que jamais des prétendus repentirs et des velléités[1] dérisoires
d'amélioration qui se solderont en monnaie du pape[2] à l'issue de
cette guerre. Pourtant cette arche demeure, que je ne puis la faire
voir à tous, elle est chargée de toute la fragilité mais aussi de toute la
magnificence du don humain. Enchâssée dans son merveilleux ice-
140 berg de pierre de lune, elle est mue par trois hélices de verre qui sont
l'amour, mais tel qu'entre deux êtres il s'élève à l'invulnérable, l'art
mais seulement l'art parvenu à ses plus hautes instances et la lutte à
outrance pour la liberté. À l'observer plus distraitement du rivage,
le Rocher Percé n'est ailé que de ses oiseaux.

---

1. Velléités : faibles envies.
2. Monnaie du pape : plante.

*DÉCLARATION DU 27 JANVIER 1925.*

## Déclaration du 27 janvier 1925

Eu égard à une fausse interprétation de notre tentative stupidement répandue dans le public,

Nous tenons à déclarer ce qui suit à toute l'ânonnante[1] critique littéraire, dramatique, philosophique, exégétique[2] et même théologique[3] contemporaine :

1° Nous n'avons rien à voir avec la littérature ;

Mais nous sommes très capables, au besoin, de nous en servir comme tout le monde.

2° Le SURRÉALISME n'est pas un moyen d'expression nouveau ou plus facile, ni même une métaphysique de la poésie ;

Il est un moyen de libération totale de l'esprit *et de tout ce qui lui ressemble.*

3° Nous sommes bien décidés à faire une Révolution.

4° Nous avons accolé le mot de SURRÉALISME au mot de RÉVOLUTION uniquement pour montrer le caractère désintéressé, détaché, et même tout à fait désespéré, de cette révolution.

5° Nous ne prétendons rien changer aux mœurs des hommes, mais nous pensons bien leur démontrer la fragilité de leurs pensées, et sur quelles assises[4] mouvantes, sur quelles caves, ils ont fixé leurs tremblantes maisons.

6° Nous lançons à la Société cet avertissement solennel :

Qu'elle fasse attention à ses écarts, à chacun des faux pas de son esprit nous ne la raterons pas.

7° À chacun des tournants de sa pensée, la Société nous retrouvera.

8° Nous sommes des spécialistes de la Révolte.

Il n'est pas de moyen d'action que nous ne soyons capables, au besoin, d'employer.

9° Nous disons plus spécialement au monde occidental :

le SURRÉALISME existe

---

1. Ânonnante : bredouillante (néologisme de Breton).
2. Exégétique : qui se consacre à des commentaires, analyses détaillés.
3. Théologique : qui concerne l'étude des questions religieuses.
4. Assises : bases.

30     — Mais qu'est-ce donc que ce nouvel *isme* qui s'accroche maintenant à nous?

— Le SURRÉALISME n'est pas une forme poétique.

Il est un cri de l'esprit qui retourne vers lui-même et est bien décidé à
broyer désespérément ses entraves[1],

35     et au besoin par des marteaux matériels!

> *Du bureau de recherches surréalistes*
> *15, rue de Grenelle*[2]

Louis Aragon, Antonin Artaud, Jacques Baron, Joë
Bousquet, J.-A. Boiffard, André Breton, Jean
40     Carrive, René Crevel, Robert Desnos, Paul Éluard,
Max Ernst, T. Fraenkel, Francis Gérard, Michel
Leiris, Georges Limbour, Mathias Lübeck, Georges
Malkine, André Masson*, Max Morise, Pierre
Naville, Marcel Noll, Benjamin Péret, Raymond
45     Queneau, Philippe Soupault, Dédé Sunbeam,
Roland Tual.

---

1. Entraves: obstacles.
2. Rue de Grenelle: rue du quartier des Invalides à Paris où se trouvait le bureau
   de recherches surréalistes.

## Les Champs magnétiques

Un voyageur insouciant dit à son compagnon : « J'ai marché devant moi et j'ai compris la fatalité des courses perpétuelles et des orgies solitaires. À ma droite j'ai tué un ami qui ne connaissait que le soleil. Ses rayons nous éclaboussaient douloureusement et j'avais si soif que j'ai
5 bu ses souffrances. Il riait encore en me confiant son dernier soupir. Je ne pus m'empêcher de grincer des dents en lisant dans ses yeux la résignation passionnée des suicidés. Le vent me serrait la gorge et je n'ai pu savoir qui me parlait toujours. Je vous ai reconnu. »

Le silence obscur des métaux paissait[1] leurs paroles.

10 Le voyageur dont les mains étaient ornées répondit : « Les trois meilleurs jours de ma vie ont laissé dans ma poitrine un cœur pâle. Les odieuses saveurs des pays orientaux dressent des cauchemars. Je me souviens d'un homme qui courait sans voir ses mains. Aujourd'hui je vous revois. »

15 C'est ainsi qu'ils atteignirent les mois en *r*. Le jour se retire abandonnant à leurs lèvres quelques paroles très pures. À cette époque des autres années tous les corps s'entrouvrant sur des voies lactées, ils montaient dans les observatoires. Ils pâlissaient là sur des calculs de distances, de probabilités. Quelques dictons infaillibles comme celui
20 de la Saint-Médard[2] au besoin leur revenaient en mémoire. Ils découvraient rarement un astre rouge comme un crime lointain ou une étoile de mer.

L'entrée de leur âme autrefois ouverte à tous vents est maintenant si bien obstruée qu'ils ne donnent plus prise au malheur. On les juge
25 sur un habit qui ne leur appartient pas. Ce sont le plus souvent deux mannequins très élégants sans tête et sans mains. Ceux qui veulent prendre de belles manières marchandent leurs costumes à l'étalage.

---

1. Paissait : du verbe paître ; ici, au sens de « mangeait ».
2. Quelques dictons infaillibles comme celui de la Saint-Médard : il peut s'agir ici de deux dictons, soit « S'il pleut à la Saint-Médard [8 juin], il pleut 40 jours plus tard, à moins que la Saint-Barnabé [11 juin] lui coupe l'herbe sous le pied » ou « S'il pleut à la Saint-Médard, la vendange diminue d'un quart ». Dans les deux cas, il s'agit de dictons relatifs à la production du vin.

Quand ils repassent le lendemain la mode n'y est déjà plus. Le faux col[1] qui est en quelque sorte la bouche de ces coquillages livre passage
30   à une grosse pince dorée qui saisit quand on ne la regarde pas les plus jolis reflets de la vitrine. La nuit, elle balance joyeusement sa petite étiquette sur laquelle chacun a pu lire : « Dernière nouveauté de la saison ». Ce qui habite nos deux amis sort peu à peu de sa quasi-immobilité. Cela tâtonne en avançant de beaux yeux pédonculés[2]. Le
35   corps en pleine formation de phosphore reste équidistant[3] du jour et du magasin du tailleur. Il est relié par de fines antennes télégraphiques au sommeil des enfants. Les mannequins sont là-bas de liège. Ceintures de sauvetage. On est loin de ces charmantes formules de politesse.

Extrait de « Les Gants blancs »
dans *Les Champs magnétiques*
© Éditions GALLIMARD

---

1. Faux col : pièce de tissu en forme de col que l'on attache autour du cou pour simuler le col d'une chemise.
2. Pédonculés : reliés par un pédoncule, soit une fine structure allongée reliant généralement deux organes ou deux parties d'un organe.
3. Équidistant : à distance égale.

## Composition surréaliste écrite,
### ou premier et dernier jet

Faites-vous apporter de quoi écrire, après vous être établi en un lieu aussi favorable que possible à la concentration de votre esprit sur lui-même. Placez-vous dans l'état le plus passif, ou réceptif, que vous pourrez. Faites abstraction de votre génie, de vos talents et de ceux de
5 tous les autres. Dites-vous bien que la littérature est un des plus tristes chemins qui mènent à tout. Écrivez vite sans sujet préconçu, assez vite pour ne pas retenir et ne pas être tenté de vous relire. La première phrase viendra toute seule, tant il est vrai qu'à chaque seconde il est une phrase étrangère à notre pensée consciente qui ne demande qu'à
10 s'extérioriser. Il est assez difficile de se prononcer sur le cas de la phrase suivante ; elle participe sans doute à la fois de notre activité consciente et de l'autre, si l'on admet que le fait d'avoir écrit la première entraîne un minimum de perception. Peu doit vous importer, d'ailleurs ; c'est en cela que réside, pour la plus grande part, l'intérêt du jeu surréaliste.
15 Toujours est-il que la ponctuation s'oppose sans doute à la continuité absolue de la coulée[1] qui nous occupe, bien qu'elle paraisse aussi nécessaire que la distribution des nœuds sur une corde vibrante[2]. Continuez autant qu'il vous plaira. Fiez-vous au caractère inépuisable du murmure. Si le silence menace de s'établir pour peu que vous ayez
20 commis une faute : une faute, peut-on dire, d'inattention, rompez sans hésiter avec une ligne trop claire. À la suite du mot dont l'origine vous semble suspecte, posez une lettre quelconque, la lettre *l* par exemple, toujours la lettre *l*, et ramenez l'arbitraire en imposant cette lettre pour initiale au mot qui suivra.

(*Manifeste du surréalisme*, 1924)

---

1. La coulée : le flot des mots.
2. La distribution des nœuds sur une corde vibrante : termes de physique acoustique relatifs aux conditions nécessaires pour la production d'une onde sonore.

## Manifeste du surréalisme (1924)

C'est de très mauvaise foi qu'on nous contesterait le droit d'employer le mot SURRÉALISME dans le sens très particulier où nous l'entendons, car il est clair qu'avant nous ce mot n'avait pas fait fortune. Je le définis donc une fois pour toutes :

5    SURRÉALISME, n. m. Automatisme psychique pur par lequel on se propose d'exprimer, soit verbalement, soit par écrit, soit de toute autre manière, le fonctionnement réel de la pensée. Dictée de la pensée, en l'absence de tout contrôle exercé par la raison, en dehors de toute préoccupation esthétique ou morale.

10    ENCYCL. *Philos.* Le surréalisme repose sur la croyance à la réalité supérieure de certaines formes d'associations négligées jusqu'à lui, à la toute-puissance du rêve, au jeu désintéressé de la pensée. Il tend à ruiner définitivement tous les autres mécanismes psychiques et à se substituer à eux dans la résolution des principaux problèmes

15 de la vie. Ont fait acte de SURRÉALISME ABSOLU MM. Aragon, Baron, Boiffard, Breton, Carrive, Crevel, Delteil, Desnos, Éluard, Gérard, Limbour, Malkine, Morise, Naville, Noll, Péret, Picon, Soupault, Vitrac[1].

Ce semblent bien être, jusqu'à présent, les seuls, et il n'y aurait pas

20 à s'y tromper, n'était le cas passionnant d'Isidore Ducasse[2], sur lequel je manque de données. Et certes, à ne considérer que superficiellement leurs résultats, bon nombre de poètes pourraient passer pour surréalistes, à commencer par Dante[3] et, dans ses meilleurs jours, Shakespeare[4]. *Au cours des différentes tentatives de réduction aux-*

25 *quelles je me suis livré de ce qu'on appelle, par abus de confiance, le génie, je n'ai rien trouvé qui se puisse attribuer finalement à un autre processus que celui-là.*

---

1. Les surréalistes de cette époque.
2. Isidore Ducasse, comte de Lautréamont (1846-1870), précurseur du surréalisme.
3. Dante Alighieri (1265-1321), poète italien, auteur de *La Divine Comédie*.
4. William Shakespeare (1564-1616), dramaturge anglais.

Les *Nuits* d'Young[1] sont surréalistes d'un bout à l'autre ; c'est mal-
heureusement un prêtre qui parle, un mauvais prêtre, sans doute,
30 mais un prêtre.

Swift[2] est surréaliste dans la méchanceté.

Sade[3] est surréaliste dans le sadisme.

Chateaubriand est surréaliste dans l'exotisme.

Constant est surréaliste en politique.

35 Hugo est surréaliste quand il n'est pas bête.

Desbordes-Valmore est surréaliste en amour.

Bertrand[4] est surréaliste dans le passé.

Rabbe[5] est surréaliste dans la mort.

Poe[6] est surréaliste dans l'aventure.

40 Baudelaire[7] est surréaliste dans la morale.

Rimbaud est surréaliste dans la pratique de la vie et ailleurs.

Mallarmé[8] est surréaliste dans la confidence.

Jarry[9] est surréaliste dans l'absinthe.

---

1. Edward Young (1683-1765), poète anglais auteur des *Nuits*, recueil annonçant le romantisme.
2. Jonathan Swift (1667-1745), auteur des *Voyages de Gulliver*.
3. Le marquis de Sade (1740-1814), écrivain français dont l'œuvre traite des perversions et fantasmes sexuels reliés à la cruauté (sadisme).
4. François-René de Chateaubriand (1768-1848), Benjamin Constant (1767-1830), Victor Hugo (1802-1885), Marceline Desbordes-Valmore (1786-1859), Aloysius Bertrand (1807-1841) ; poètes et écrivains du romantisme français.
5. Rabbe Enckell (1903-1974), poète et peintre moderne finlandais.
6. Edgar Allan Poe (1809-1849), poète et conteur américain.
7. Charles Baudelaire (1821-1867), poète français, précurseur du symbolisme.
8. Arthur Rimbaud (1854-1891), Stéphane Mallarmé (1842-1898), poètes symbolistes français.
9. Alfred Jarry (1873-1907), écrivain et dramaturge, précurseur du théâtre d'avant-garde du xxᵉ siècle.

Nouveau[1] est surréaliste dans le baiser.

45 Saint-Pol Roux[2] est surréaliste dans le symbole.

Fargue[3] est surréaliste dans l'atmosphère.

Vaché[4] est surréaliste en moi.

Reverdy* est surréaliste chez lui.

Saint-John Perse[5] est surréaliste à distance.

50 Roussel[6] est surréaliste dans l'anecdote.

Etc.

---

1. Germain Nouveau (1851-1920), poète français dont l'œuvre est imprégnée de mysticisme.
2. Saint-Pol Roux (1861-1940), poète symboliste français.
3. Léon-Paul Fargue (1876-1947), poète français.
4. Jacques Vaché (1896-1919), collaborateur des surréalistes ayant connu une fin tragique.
5. Saint-John Perse (1887-1975), poète et diplomate français.
6. Raymond Roussel (1877-1933), écrivain français dont l'œuvre fascinait les surréalistes en raison de son excentricité.

## L'Immaculée Conception

L'amour réciproque, le seul qui saurait nous occuper ici, est celui qui met en jeu l'inhabitude dans la pratique, l'imagination dans le poncif[1], la foi dans le doute, la perception de l'objet intérieur dans l'objet extérieur.

5 Il implique le baiser, l'étreinte, le problème et l'issue indéfiniment problématique du problème.

L'amour a toujours le temps. Il a devant lui le front d'où semble venir la pensée, les yeux qu'il s'agira tout à l'heure de distraire de leur regard, la gorge dans laquelle se cailleront[2] les sons, il a les seins et le 10 fond de la bouche. Il a devant lui les plis inguinaux[3], les jambes qui couraient, la vapeur qui descend de leurs voiles, il a le plaisir de la neige qui tombe devant la fenêtre. La langue dessine les lèvres, joint les yeux, dresse les seins, creuse les aisselles, ouvre la fenêtre ; la bouche attire la chair de toutes ses forces, elle sombre dans un baiser 15 errant, elle remplace la bouche qu'elle a prise, c'est le mélange du jour et de la nuit. Les bras et les cuisses de l'homme sont liés aux bras et aux cuisses de la femme, le vent se mêle à la fumée, les mains prennent l'empreinte des désirs.

On distingue les problèmes en problèmes du premier, du second et 20 du troisième degré. Dans le problème du premier degré, la femme, s'inspirant des sculptures Tlinkit[4] de Nord-Amérique, recherchera l'étreinte la plus parfaite avec l'homme ; il s'agira de ne faire à deux qu'un seul bloc. Dans celui du second degré, la femme, prenant modèle sur les sculptures Haïda[5] d'origine à peine différente, fuira le 25 plus possible cette étreinte ; il s'agira de ne se toucher qu'à peine, de ne se plaire à rien tant qu'au délié. Dans celui du troisième degré, la femme adoptera tour à tour toutes les positions naturelles.

---

1. Poncif : cliché.
2. Se cailleront : se coaguleront.
3. Inguinaux : qui appartiennent à la région de l'aine.
4. Tlinkit : Amérindiens de l'Alaska.
5. Haïda : aborigènes des îles de la Reine-Charlotte.

La fenêtre sera ouverte, entrouverte, fermée, elle donnera sur l'étoile, l'étoile montera vers elle, l'étoile devra l'atteindre ou passer de
30 l'autre côté de la maison.

1. Lorsque la femme est sur le dos et que l'homme est couché sur elle, c'est la *cédille*.

2. Lorsque l'homme est sur le dos et que sa maîtresse est couchée sur lui, c'est le *c*.

35 3. Lorsque l'homme et sa maîtresse sont couchés sur le flanc et s'observent, c'est le *pare-brise*.

4. Lorsque l'homme et la femme sont couchés sur le flanc, seul le dos de la femme se laissant observer, c'est la *Mare-au-Diable*[1].

5. Lorsque l'homme et sa maîtresse sont couchés sur le flanc, s'ob-
40 servant, et qu'elle enlace de ses jambes les jambes de l'homme, la fenêtre grande ouverte, c'est l'*oasis*.

6. Lorsque l'homme et la femme sont couchés sur le dos et qu'une jambe de la femme est en travers du ventre de l'homme, c'est le *miroir brisé*.

45 7. Lorsque l'homme est couché sur sa maîtresse qui l'enlace de ses jambes, c'est la *vigne vierge*.

8. Lorsque l'homme et la femme sont sur le dos, la femme sur l'homme et tête-bêche[2], les jambes de la femme glissées sous les bras de l'homme, c'est le *sifflet du train*.

50 9. Lorsque la femme est assise, les jambes étendues sur l'homme couché lui faisant face, et qu'elle prend appui sur les mains, c'est la *lecture*.

10. Lorsque la femme est assise, les genoux pliés, sur l'homme couché, lui faisant face, le buste renversé ou non, c'est l'*éventail*.

55 11. Lorsque la femme est assise de dos, les genoux pliés, sur l'homme couché, c'est le *tremplin*.

12. Lorsque la femme, reposant sur le dos, lève les cuisses vertica-lement, c'est l'*oiseau-lyre*.

13. Lorsque la femme, vue de face, place ses jambes sur les épaules
60 de l'homme, c'est le *lynx*.

---

1. La Mare-au-Diable : du roman *La Mare au diable* (1848) de George Sand (1804-1876).

2. Tête-bêche : dans la position de deux individus dont l'un a la tête du côté où l'autre a les pieds.

14. Lorsque les jambes de la femme sont contractées et maintenues ainsi par l'homme contre sa poitrine, c'est le *bouclier*.

15. Lorsque les jambes de la femme sont contractées, les genoux pliés à hauteur des seins, c'est l'*orchidée*.

65   16. Lorsqu'une des jambes seulement est étendue, c'est *minuit passé*.

17. Lorsque la femme place une de ses jambes sur l'épaule de l'homme et étend l'autre jambe, puis met celle-ci à son tour sur l'épaule et étend la première, et ainsi de suite alternativement, c'est la *machine à coudre*.

70   18. Lorsqu'une des jambes de la femme est placée sur la tête de l'homme, l'autre jambe étant étendue, c'est le *premier pas*.

19. Lorsque les cuisses de la femme sont élevées et placées l'une sur l'autre, c'est la *spirale*.

20. Lorsque l'homme, pendant le problème, tourne en rond et
75 jouit de sa maîtresse sans la quitter, celle-ci ne cessant de lui tenir les reins embrassés, c'est le *calendrier perpétuel*.

21. Lorsque l'homme et sa maîtresse prennent appui sur le corps l'un de l'autre, ou sur un mur et, se tenant ainsi debout, engagent le problème, c'est *à la santé du bûcheron*.

80   22. Lorsque l'homme prend appui sur un mur et que la femme, assise sur les mains de l'homme réunies sous elle, passe ses bras autour de son cou et, collant ses cuisses le long de sa ceinture, se remue au moyen de ses pieds dont elle touche le mur contre lequel l'homme s'appuie, c'est l'*enlèvement en barque*.

85   23. Lorsque la femme se tient à la fois sur ses mains et ses pieds, comme un quadrupède, et que l'homme reste debout, c'est la *boucle d'oreille*.

24. Lorsque la femme se tient sur ses mains et ses genoux et que l'homme est agenouillé, c'est la *Sainte-Table*.

90   25. Lorsque la femme se tient sur ses mains et que l'homme debout la tient soulevée par les cuisses, celles-ci lui enserrant les flancs, c'est la *bouée de sauvetage*.

26. Lorsque l'homme est assis sur une chaise et que sa maîtresse, lui faisant face, est assise à califourchon sur lui, c'est le *jardin public*.

*L'Immaculée Conception* d'André Breton et de Paul Éluard.
Frontispice de Salvador Dalí.

95    27. Lorsque l'homme est assis sur une chaise et que sa maîtresse, lui tournant le dos, est assise à califourchon sur lui, c'est le *piège*.

28. Lorsque l'homme est debout et que la femme repose le haut de son corps sur le lit, ses cuisses enserrant la taille de l'homme, c'est la *tête de Vercingétorix*[1].

100    29. Lorsque la femme est accroupie sur le lit devant l'homme debout contre le lit, c'est le *jeu de la puce*.

30. Lorsque la femme est à genoux sur le lit, face à l'homme debout contre le lit, c'est le *vétiver*[2].

31. Lorsque la femme est à genoux sur le lit, tournant le dos à
105    l'homme debout contre le lit, c'est le *baptême des cloches*.

32. Lorsque la vierge est renversée en arrière, le corps puissamment arqué et reposant sur le sol par les pieds et les mains, ou mieux par les pieds et la tête, l'homme étant à genoux, c'est l'*aurore boréale*.

L'amour multiplie les problèmes. La liberté furieuse s'empare des
110    amants plus dévoués l'un à l'autre que l'espace à la poitrine de l'air. La femme garde toujours dans sa fenêtre la lumière de l'étoile, dans sa main la ligne de vie de son amant. L'étoile, dans la fenêtre, tourne lentement, y entre et en sort sans arrêt, le problème s'accomplit, la silhouette pâle de l'étoile dans la fenêtre a brûlé le rideau du jour.

---

1. Vercingétorix (72-46 av. J.-C.), Gaulois ayant organisé la résistance de son peuple contre l'envahisseur romain.
2. Vétiver : plante indienne utilisée dans la confection de parfums.

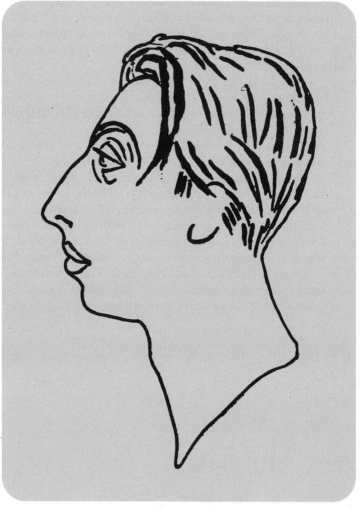

Robert Desnos

Portrait de Georges Alexandre Malkine (1898-1970).

# Rêves

## Durant l'hiver 1918-1919

« Je suis couché et me vois tel que je suis en réalité. L'électricité est allumée. La porte de mon armoire à glace s'ouvre d'elle-même. Je vois les livres qu'elle renferme. Sur un rayon se trouve un coupe-papier de cuivre (il y est aussi dans la réalité) ayant la forme d'un yatagan[1]. Il se
5 dresse sur l'extrémité de la lame, reste en équilibre instable durant un instant puis se recouche lentement sur le rayon. La porte se referme. L'électricité s'éteint. »

---

1. Yatagan : sabre turc dont la lame est recourbée à la pointe.

## Sommeil hypnotique du 28 septembre

Desnos s'endort une seconde fois dans la soirée du 28 septembre.
Écriture spontanée : *umidité* (sic) puis mot illisible.
*Je connais un repère bien beau.*
4  On lui ordonne à ce moment d'écrire un poème[†].

    *Nul n'a jamais conquis le droit d'entrer en maître*
    *dans la ville concrète où s'accouplent les dieux*
    *il voudrait inventer ces luxures[1] abstraites*
8    *et des plantes doigts morts au centre de nos yeux*

    *Cœur battant nous montons à l'assaut des frontières*
    *les faubourgs[2] populeux regorgent de champions*
    *remontons le courant des nocturnes artères*
12    *jusqu'au cœur impassible où dormiront nos vœux*

    *Ventricule[3] drapeau clairon de ces pays*
    *l'enfant gâté par l'amour des autruches*
    *au devoir de mourir n'aurait jamais failli*
16    *si les cigognes bleues se liquéfiaient dans l'air*

    *Tremblez tremblez mon poing (dussé-je avaler l'onde)*
    *a fixé sur mon ventre un stigmate accablant[4][††]*
    *et les grands cuirassés jettent en vain leur sonde*
20    *aux noyés accroupis au bord des rochers blancs*

[†]*Note d'André Breton : Plus tard Desnos, en ayant pris connaissance, et toutes réserves faites sur la personnalité véritable de son auteur, a manifesté le désir qu'à sa parution dans* Littérature[5] *il portât la dédicace :*
24 *À Francis Picabia[6].*

---

1. Luxures : débauches.
2. Faubourgs : banlieues.
3. Ventricule : compartiment inférieur du cœur.
4. Stigmate accablant : blessure qui épuise.
5. *Littérature* : revue des surréalistes.
6. Francis Picabia (1879-1953), peintre et écrivain avant-gardiste français.

Spont. *La Tour.*
Q.- *Qui est la tour? Une femme?*
R.- *Oui, naturellement.*
28 Q.- *Tu la connais?*
R.- *Oui* (appuyé, crayon cassé).
Q.- *Est-elle belle?*
R.- *Je ne sais.*
32 Q.- *A-t-elle d'autres qualités?*
R.- *Je ne l'aime pas.*
Q.- *Est-elle ici?*
R.- *Oui* (crayon cassé).
36 Q.- *Il ne faut plus parler d'elle?*
R.- *If you want.*
Q.- *Que feras-tu dans cinq ans?*
R.- *Le fleuve* (l'e final commence un dessin de vague, petit bateau,
40 fumée). Écrit avec beaucoup d'application: *elle s'appelle Bergamote*[1].
Q.- *Que fera Breton dans cinq ans?*
R.- (Dessin du cercle avec son diamètre) *Picabia Gulf Stream Picabia.*

[††] *Note d'André Breton:* C'est à la fin de ce vers que nous avons arrêté
44 Desnos, pensant que le poème que dans la demi-obscurité nous ne
pouvions lire, était fini. Il se prêta de bonne grâce aux questions qui sui-
virent et c'est au bout de cinq ou dix minutes que sans transition il
écrivit les deux derniers vers que nous ne reconnûmes pas tout d'abord.

48 Q.- *Aimes-tu Breton?*
R.- *Oui* (crayon cassé) puis lisiblement: *oui.*
Dessin d'une flèche.
Q.- *Que fera Éluard dans cinq ans?*
52 R.- *1 000 000 frs.*
Q.- *Que fera-t-il de cet argent?*
R.- *La guerre à la flotte.*

---

1. Bergamote: type de poire.

Q.- *Qui est Max Ernst?*

56   R.- *Le scaphandrier et la grammaire espagnole.*

Q.- *Que penses-tu de Simone Breton[1]?*

Pas de réponse.

Q.- *Qui est-elle? Que vois-tu pour elle?*

60   R.- *Je* (biffé) *volubilis*[2] (dessin de l'œil avec la flèche) *la belle aimée* (dessin par-dessus lequel on lit:) *le cheval.*

Q.- *C'est Gala Éluard*[3] *qui te donne la main.*

R.- Dessin ci-contre.

64   Q.- *Que vois-tu pour elle?*

R.- *L'heure fatale ou cela cela vous verrez.*

Q.- *Que fera-t-elle?*

R.- Dessin d'une clé de sol.

68   Q.- *Mourra-t-elle bientôt?*

R.- *Opéra opéra.*

(Ici se placent les deux vers: *et les grands cuirassés…, etc.*)

Q.- *Est-ce tout pour Gala Éluard?*

72   R.- *Ô il y aura des allumettes de trois couleurs* (dessin d'une main appuyée à une courbe) *main contre la lune.*

Q.- *Que sais-tu de Max Ernst?*

R.- *La blouse blanche de Fraenkel*[4] *à la Salpêtrière*[5].

76   Q.- *Qui est Max Ernst?*

R.- *Un fa dièse.*

RÉVEIL

---

1. Simone Kahn-Breton, épouse d'André Breton depuis 1921.
2. Volubilis: plante à grosses fleurs colorées.
3. Helena Ivanovna Diakonova, Gala (1894-1982), compagne de Paul Éluard, puis du peintre surréaliste Salvador Dalí (1904-1989).
4. Adolf Abraham Halevi Fraenkel (1891-1965), mathématicien allemand d'origine juive.
5. La Salpêtrière: hôpital de Paris.

## NOTRE PAIRE QUIÈTE, Ô YEUX !...

Notre paire quiète[1], ô yeux !
que votre « non » soit sang (t'y fier ?)
que votre araignée rie,
que vol honteux soit fête (au fait)
5  sur la terre (commotion).

Donnez-nous, aux joues réduites,
notre pain quotidien.
Part, donnez-nous de nos œufs foncés
comme nous part donnons
10 à ceux qui nous ont offensés.
Nounou[2] laissez-nous succomber à la tentation
et d'aile ivrez[3]-nous du mal.

(*Corps et biens*, 1930)

---

1. Quiète : tranquille.
2. Nounou : nourrice.
3. Ivrez : rendez-nous ivres (du verbe « ivrer », néologisme de Desnos).

## COMME

Come, dit l'Anglais à l'Anglais, et l'Anglais vient.
Côme[1], dit le chef de gare, et le voyageur qui vient dans cette
    ville descend du train sa valise à la main.
Come, dit l'autre, et il mange.
5  Comme, je dis comme et tout se métamorphose, le marbre
    en eau, le ciel en orange, le vin en plaine, le fil en six, le cœur
    en peine, la peur en seine[2].
Mais si l'Anglais dit as, c'est son tour de voir le monde
    changer de forme à sa convenance
10  Et moi je ne vois plus qu'un signe unique sur une carte :
L'as de cœur si c'est en février,
L'as de carreau et l'as de trèfle, misère en Flandre[3],
L'as de pique aux mains des aventuriers.
Et si cela me plaît à moi de vous dire machin,
15  Pot à eau, mousseline[4] et potiron.
Que l'Anglais dise machin,
Que machin dise le chef de gare,
Machin dise l'autre,
Et moi aussi.
20  Machin.
Et même machin chose.
Il est vrai que vous vous en foutez.
Que vous ne comprenez pas la raison de ce poème.
Moi non plus d'ailleurs.
25  Poème, je vous demande un peu ?
Poème ? je vous demande un peu de confiture,
Encore un peu de gigot,
Encore un petit verre de vin
Pour nous mettre en train...

---

1. Côme : ville du nord de l'Italie.
2. Seine : ensemble de filets de pêche disposés en demi-cercle sur l'eau.
3. Flandre (ou Flandres) : région du nord-ouest de l'Europe qui inclut une partie de la Belgique.
4. Mousseline : toile de coton très légère.

30 Poème, je ne vous demande pas l'heure qu'il est.
Poème, je ne vous demande pas si votre beau-père est poilu
    comme un sapeur.
Poème, je vous demande un peu… ?

Poème, je ne vous demande pas l'aumône,
35 Je vous la fais.
Poème, je ne vous demande pas l'heure qu'il est,
Je vous la donne.
Poème, je ne vous demande pas si vous allez bien,
Cela se devine.
40 Poème, poème, je vous demande un peu…
Je vous demande un peu d'or pour être heureux avec celle
    que j'aime.

(*Fortunes*, 1942)

## L'ASILE AMI

Là! L'Asie. Sol miré[1], phare d'haut, phalle[2] ami docile à la femme, il l'adore, et dos ci dos là mille a mis! Phare effaré[3] la femme y résolut d'odorer la cire et la fade eau. L'art est facile à dorer: fard[4] raide aux
4 mimis[5], domicile à lazzis[6]. Dodo l'amie outrée!

(*Corps et biens,* 1930)

---

1. Miré: visé.
2. Phalle: néologisme de Desnos créé à partir de «phallus».
3. Effaré: qui a un air égaré à cause de la peur.
4. Fard: maquillage.
5. Mimis: baisers.
6. Lazzis: plaisanteries bouffonnes.

# P'Oasis[1]

*À Louis Aragon.*

Nous sommes les pensées arborescentes[2] qui fleurissent sur les chemins des jardins cérébraux.

– Sœur Anne, ma sainte Anne, ne vois-tu rien venir[3]... vers Sainte-Anne[4]?

5 – Je vois les pensées odorer les mots.

– Nous sommes les mots arborescents qui fleurissent sur les chemins des jardins cérébraux.

De nous naissent les pensées.

– Nous sommes les pensées arborescentes qui fleurissent sur les
10 chemins des jardins cérébraux.

Les mots sont nos esclaves.

– Nous sommes

– Nous sommes

– Nous sommes les lettres arborescentes qui fleurissent sur les che-
15 mins des jardins cérébraux.

Nous n'avons pas d'esclaves.

– Sœur Anne, ma sœur Anne, que vois-tu venir vers Sainte-Anne?

– Je vois les Pan C

– Je vois les crânes KC

20 – Je vois les mains DCD

– Je les M

– Je vois les pensées BC et les femmes ME

et les poumons qui en ont AC de l'RLO

poumons noyés des ponts NMI.

25 Mais la minute précédente est déjà trop AG[5].

– Nous sommes les arborescences* qui fleurissent sur les déserts des jardins cérébraux.

---

1. P'Oasis : de l'union des mots « poésie » et « oasis ».
2. Arborescentes : dont la forme rappelle celle des arbres.
3. Sœur Anne, ma sainte Anne, ne vois-tu rien venir : allusion à *Barbe Bleue* de Charles Perrault (1628-1703), conte dans lequel la femme de Barbe Bleue, sur le point d'être tuée par son mari, implore sa sœur de scruter l'horizon du sommet de la tour du château dans l'espoir de voir ses frères arriver à sa rescousse. La citation exacte est : « Anne, ma sœur Anne, ne vois-tu rien venir ? »
4. Vers Sainte-Anne : les différentes allusions à la guerre dans la suite du poème laissent croire qu'il s'agirait de sainte Anne d'Auray, en Bretagne, où l'on trouve un mémorial en l'honneur des 240 000 Bretons tombés au cours de la Première Guerre mondiale.
5. Pan C [...] KC [...] DCD [...] M [...] BC [...] ME [...] AC de l'RLO [...] NMI [...] AG : respective-ment, pensées, cassés, décédées, aime, baisser, aimer, assez, air et l'eau, ennemis, âgée.

ROBERT DESNOS DANS L'ATELIER D'ANDRÉ BRETON.
PHOTOGRAPHIE DE MAN RAY, 1922.

BIBLIOTHÈQUE LITTÉRAIRE JACQUES DOUCET, PARIS.

## Le Bonbon

Je je suis suis le le roi roi
    des montagnes
J'ai de de beaux beaux bobos beaux beaux yeux yeux
4    il fait une chaleur chaleur

j'ai nez
j'ai doigt doigt doigt doigt doigt à à
7    chaque main main

j'ai dent dent dent dent dent dent dent
9    dent dent dent dent dent dent dent

(« Langage cuit », *Corps et biens*, 1930)

MARCEL DUCHAMP EN RROSE SÉLAVY.
PHOTOGRAPHIE DE MAN RAY, 1920.

## RROSE SÉLAVY[1], ETC.

Rose aisselle a vit.
Rr'ose, essaie là, vit.
Rôts[2] et sel à vie.
Rose S, L, have I.
5 Rosée, c'est la vie.
Rrose scella vît.
Rrose sella[3] vît.
Rrose sait la vie.
Rose, est-ce, hélas, vie?
10 Rrose aise héla vît.
Rrose est-ce aile, est-ce elle?
    Est celle
                    AVIS

*(Corps et biens,* 1930)

---

1. Rrose Sélavy : *alter ego* féminin de Marcel Duchamp (1887-1968), artiste américain d'origine française qui incarna ce « double » fictif dans une série de photographies où il apparaît en femme. Duchamp attribua également à Rrose Sélavy un certain nombre de ses œuvres.
2. Rôts : Rôtis.
3. Sella : du verbe seller, soit « munir d'une selle ».

## ÉLÉGANT CANTIQUE
### DE SALOMÉ SALOMON[1]

Mon mal meurt mais mes mains miment
Nœuds, nerfs non anneaux. Nul nord
Même amour mol? mames[2], mord
Nus nénés[3] nonne ni Nine.

5 Où est Ninive[4] sur la mammemonde?

Ma mer, m'amis, me murmure:
« nos nils[5] noient nos nuits nées neiges ».
Meurt momie! môme: âme au mur.
Néant nié nom ni nerf n'ai-je!

10        Aime haine
        Et n'aime
        haine aime
        aimai ne

         M N
15        N M
         N M
         M N

---

1. Salomé Salomon: nom féminin composé du nom de deux personnages de la Bible, Salomé (env. 72 av. J.-C.), fille d'Hérodiade, qui réclamera à son beau-père la tête de Jean-Baptiste, et Salomon, troisième roi d'Israël (v. 970-v. 931 av. J.-C.), considéré comme le bâtisseur du Temple de Jérusalem.
2. Mames: néologisme de Desnos qui évoquerait les seins (mamelles).
3. Nénés: seins de femme.
4. Ninive: antique cité, capitale de l'Empire assyrien (v. 705-612 av. J.-C.).
5. Nils: néologisme de Desnos, probablement en rapport avec « Nil », fleuve de l'Égypte.

### J'ai tant rêvé de toi

J'ai tant rêvé de toi que tu perds ta réalité.

Est-il encore temps d'atteindre ce corps vivant et de baiser sur cette bouche la naissance de la voix qui m'est chère ?

J'ai tant rêvé de toi que mes bras habitués, en étreignant ton
5  ombre, à se croiser sur ma poitrine ne se plieraient pas au contour de ton corps, peut-être.

Et que, devant l'apparence réelle de ce qui me hante et me gouverne depuis des jours et des années, je deviendrais une ombre sans doute.

Ô balances sentimentales.

10  J'ai tant rêvé de toi qu'il n'est plus temps sans doute que je m'éveille. Je dors debout, le corps exposé à toutes les apparences de la vie et de l'amour et toi, la seule qui compte aujourd'hui pour moi, je pourrais moins toucher ton front et tes lèvres que les premières lèvres et le premier front venus.

15  J'ai tant rêvé de toi, tant marché, parlé, couché avec ton fantôme qu'il ne me reste plus peut-être, et pourtant, qu'à être fantôme parmi les fantômes et plus ombre cent fois que l'ombre qui se promène et se promènera allègrement sur le cadran solaire de ta vie.

PAUL ÉLUARD

PORTRAIT DE MOBSA, 1929.

## Notre mort

### I

On nous enseigne trop la patience, la prudence – et que nous pouvons mourir.

Mourir, surpris par la plus furtive des lumières, la mort brusque.

« Moi, dans la Belle au bois dormant ! » railles-tu, nous faisant rire.

### II

5                  *Je connais tous les chants des oiseaux.*

Nous avons crié gaiement : « Nous allons à la guerre ! » aux gens qui le savaient bien.

Et nous la connaissions !

Oh ! le bruit terrible que mène la guerre parmi le monde et autour
10 de nous ! Oh ! le bruit terrible de la guerre !

Cet obus qui fait la roue,

la mitrailleuse, comme une personne qui bégaie,

et ce rat que tu assommes d'un coup de fusil !

## Poèmes pour la paix (1918)

*Monde ébloui, Monde étourdi.*

### I

Toutes les femmes heureuses ont
Retrouvé leur mari – il revient du soleil
Tant il apporte de chaleur.
Il rit et dit bonjour tout doucement
5    Avant d'embrasser sa merveille.

### II

Splendide, la poitrine cambrée légèrement,
Sainte ma femme, tu es à moi bien mieux qu'au temps
Où avec lui, et lui, et lui, et lui, et lui,
Je tenais un fusil, un bidon – notre vie !

### III

10    Tous les camarades du monde,
Ô ! mes amis !
Ne valent pas à ma table ronde
Ma femme et mes enfants assis,
Ô ! mes amis !

### IV

15    Après le combat dans la foule,
Tu t'endormais dans la foule.
Maintenant, tu n'auras qu'un souffle près de toi,
Et ta femme partageant ta couche
T'inquiétera bien plus que les mille autres bouches.

## V

20         Mon enfant est capricieux –
Tous ces caprices sont faits.
J'ai un bel enfant coquet
Qui me fait rire et rire.

## VI

Travaille.
25    Travail de mes dix doigts et travail de ma tête,
Travail de Dieu, travail de bête,
Ma vie et notre espoir de tous les jours,
La nourriture et notre amour.
Travaille.

## VII

30         Ma belle, il nous faut voir fleurir
La rose blanche de ton lait.
Ma belle, il faut vite être mère,
Fais un enfant à mon image…

## VIII

J'ai eu longtemps un visage inutile,
35         Mais maintenant
J'ai un visage pour être aimé,
J'ai un visage pour être heureux.

## IX

Il me faut une amoureuse,
Une vierge amoureuse,
40         Une vierge à la robe légère.

### X

Je rêve de toutes les belles
Qui se promènent dans la nuit,
Très calmes,
Avec la lune qui voyage.

### XI

45
Toute la fleur des fruits éclaire mon jardin,
Les arbres de beauté et les arbres fruitiers.
Et je travaille et je suis seul en mon jardin.
Et le Soleil brûle en feu sombre sur mes mains.

## Pour vivre ici

*onze haï-kaïs*[1]
(1920)

### 1

À moitié petite,
La petite
Montée sur un banc.

### 2

Le vent
Hésitant
Roule une cigarette d'air.

### 3

Palissade peinte
Les arbres verts sont tout roses
Voilà ma saison.

### 4

Le cœur à ce qu'elle chante
Elle fait fondre la neige
La nourrice des oiseaux.

### 5

Paysage de paradis
Nul ne sait que je rougis
Au contact d'un homme, la nuit.

---

1. Haï-kaïs (ou «haïkus»): forme poétique d'origine japonaise composée de trois vers de cinq, sept et cinq syllabes.

### 6

La muette parle
C'est l'imperfection de l'art
Ce langage obscur.

### 7

L'automobile est vraiment lancée
Quatre têtes de martyrs
Roulent sous les roues.

### 8

Roues des routes,
Roues fil à fil déliées,
Usées.

### 9

Ah ! mille flammes, un feu, la lumière,
Une ombre !
Le soleil me suit.

### 10

Femme sans chanteur,
Vêtements noirs, maisons grises,
L'amour sort le soir.

### 11

Une plume donne au chapeau
Un air de légèreté
La cheminée fume.

## Réveil officiel du serin

L'application des serins à l'étude n'a pas de mesures. Un bruit de pas n'étouffe pas leur chant, un claquement de doigts n'empêche pas leurs prières de retentir dans le passé. Si des voleurs se présentent, les terribles musiciens montrent un sourire aimable enfermé dans une
5 cage pleine de fumée. S'il s'agit de reconnaître la voix d'un bienfaiteur, leur ventre affamé n'a pas plus d'oreilles pour les canons du mont Thabor que pour la victoire d'Aboukir[1].

Ils ne se penchent pas au-dehors. La nuit, le tonnerre est allumé et placé auprès de leur cage. Dans la campagne, le blé, docile à la loi
10 de la pesanteur, compte ses graines, les arbres prennent l'habitude de leurs feuilles, le vent à la gorge trouée tourne et tombe.

Certes, les serins sont maîtres chez eux.

---

1. Mont Thabor [...] Aboukir : la bataille du mont Thabor (Syrie, 16 avril 1799) et celle d'Aboukir (25 juillet 1799) sont deux victoires de la campagne d'Égypte de Napoléon Bonaparte (1769-1821).

### LE NETTOYAGE DES CARREAUX N'ENTRAÎNE PAS FORCÉMENT LA PROPRETÉ EN AMOUR

Un prêtre de taille moyenne a enfermé sa jeune et jolie femme au solide bon sens dans un lieu discret pour se soustraire aux discussions interminables qui ralentissaient leur coït[1] familier. Caché dans les lilas, le père de l'héroïne arrondit les joies enfantines de la petite
5 bonne impénitente[2].

On entend chanter au loin la louange de la prisonnière couverte en tuiles qui garde devant elle des souvenirs curieusement perfectionnés.

---

1. Coït : copulation.
2. Impénitente : incorrigible.

## LA TERRE EST BLEUE COMME UNE ORANGE...

La terre est bleue comme une orange
Jamais une erreur les mots ne mentent pas
Ils ne vous donnent plus à chanter
Au tour des baisers de s'entendre
5  Les fous et les amours
Elle sa bouche d'alliance[1]
Tous les secrets tous les sourires
Et quels vêtements d'indulgence
À la croire toute nue.

10  Les guêpes fleurissent vert
L'aube se passe autour du cou
Un collier de fenêtres
Des ailes couvrent les feuilles
Tu as toutes les joies solaires
15  Tout le soleil sur la terre
Sur les chemins de ta beauté.

---

1. Sa bouche d'alliance : sa bouche en forme de bague.

## Le Miroir d'un moment

Il dissipe le jour,
Il montre aux hommes les images déliées
    de l'apparence,
Il enlève aux hommes la possibilité de se distraire.
5   Il est dur comme la pierre,
La pierre informe,
La pierre du mouvement et de la vue,
Et son éclat est tel que toutes les armures,
    tous les masques en sont faussés.
10  Ce que la main a pris dédaigne même de prendre
    la forme de la main,
Ce qui a été compris n'existe plus,
L'oiseau s'est confondu avec le vent,
Le ciel avec sa vérité,
15  L'homme avec sa réalité.

## *TA BOUCHE AUX LÈVRES D'OR N'EST PAS EN MOI POUR RIRE...*

Ta bouche aux lèvres d'or n'est pas en moi pour rire
Et tes mots d'auréole[1] ont un sens si parfait
Que dans mes nuits d'années, de jeunesse et de mort
4 J'entends vibrer ta voix dans tous les bruits du monde.

Dans cette aube de soie où végète le froid
La luxure* en péril regrette le sommeil,
Dans les mains du soleil tous les corps qui s'éveillent
8 Grelottent à l'idée de retrouver leur cœur.

Souvenirs de bois vert, brouillard où je m'enfonce
J'ai refermé les yeux sur moi, je suis à toi,
Toute ma vie t'écoute et je ne peux détruire
12 Les terribles loisirs que ton amour me crée.

---

1. Auréole : cercle doré dont les peintres entourent la tête des saints.

## L'Amoureuse

Elle est debout sur mes paupières
Et ses cheveux sont dans les miens,
Elle a la forme de mes mains,
Elle a la couleur de mes yeux,
5   Elle s'engloutit dans mon ombre
Comme une pierre sur le ciel.

Elle a toujours les yeux ouverts
Elle ne me laisse pas dormir.
Ses rêves en pleine lumière
10   Font s'évaporer les soleils,
Me font rire, pleurer et rire,
Parler sans avoir rien à dire

## JE TE L'AI DIT POUR LES NUAGES...

Je te l'ai dit pour les nuages
Je te l'ai dit pour l'arbre de la mer
Pour chaque vague pour les oiseaux dans les feuilles
Pour les cailloux du bruit
5  Pour les mains familières
Pour l'œil qui devient visage ou paysage
Et le sommeil lui rend le ciel de sa couleur
Pour toute la nuit bue
Pour la grille des routes
10 Pour la fenêtre ouverte pour un front découvert
Je te l'ai dit pour tes pensées pour tes paroles
Toute caresse toute confiance se survivent.

BENJAMIN PÉRET, 1949.

PORTRAIT DE MAURICE HENRY (1907-1984).

THE ISRAEL MUSEUM, ISRAËL.

## 26 POINTS À PRÉCISER

*À André Masson\*.*

Ma vie finira par $a$

Je suis $b - a$

Je demande $cb - a$

je pèse les jours de fête $\dfrac{d}{cb - a}$

Mes prévisions d'avenir $\dfrac{de}{cb - a}$

Mon suicide heureux $\dfrac{de}{(cb - a)\,f}$

Ma volonté $\sqrt[g]{\dfrac{de}{(cb - a)\,f}}$

Ma force physique $\sqrt[g]{\dfrac{de}{(cb - a)\,f}} + h$

Mes instincts sanguinaires $\sqrt[g]{\dfrac{de}{(cb - a)\,f}} + h - i$

Les cartes ont mis dans ma poche

$$\left(\sqrt[g]{\dfrac{de}{(cb - a)\,f}} + h - i\right)^{j}$$

Elles ont retiré $\left(\sqrt[g]{\dfrac{de}{(cb - a)\,f}} + h - i\right)^{j} + k$

Il reste $\left( \sqrt[g]{\dfrac{de}{(cb-a)\,f}} + h - i \right)^j + kl$

Avec mon nez je sens

$$m \left( \sqrt[g]{\dfrac{de}{(cb-a)\,f}} + h - i \right)^j + kl$$

Avec ma langue je dis

$$\dfrac{m}{n} \left( \sqrt[g]{\dfrac{de}{(cb-a)\,f}} + h - i \right)^j + kl$$

Avec ma bouche je mange

$$\dfrac{m}{n} \left( \sqrt[g]{\dfrac{de}{(cb-a)\,f}} + h - i \right)^j + kl + o$$

Avec mes yeux je vois

$$\dfrac{\dfrac{m}{n} \left( \sqrt[g]{\dfrac{de}{(cb-a)\,f}} + h - i \right)^j + kl + o}{p}$$

Avec mes oreilles j'entends

$$\dfrac{\dfrac{m}{n} \left( \sqrt[g]{\dfrac{de}{(cb-a)\,f}} + h - i \right)^j + kl + o}{pq}$$

Avec mes mains je gifle

$$\dfrac{\dfrac{m}{n} \left( \sqrt[g]{\dfrac{de}{(cb-a)\,f}} + h - i \right)^j + kl + o}{pq + r}$$

Avec mes pieds j'écrase

$$\dfrac{\dfrac{m}{n} \left( \sqrt[g]{\dfrac{de}{(cb-a)\,f}} + h - i \right)^j + kl + o}{(pq + r)\,s}$$

Avec mon sexe je fais l'amour

$$\frac{\dfrac{m}{n}\left(\sqrt[g]{\dfrac{de}{(cb-a)\,f}}+h-i\right)^{j}+kl+o}{\sqrt[t]{(pq+r)\,s}}$$

La longueur de mes cheveux

$$\frac{\dfrac{m}{n}\left(\sqrt[g]{\dfrac{de}{(cb-a)\,f}}+h-i\right)^{j}+kl+o}{\sqrt[t]{(pq+r)\,s}}-u$$

Mon travail du matin

$$\frac{\dfrac{m}{n}\left(\sqrt[g]{\dfrac{de}{(cb-a)\,f}}+h-i\right)^{j}+kl+o}{\sqrt[t]{(pq+r)\,s}}-u\,v$$

Mon travail de l'après-midi

$$\frac{\dfrac{m}{n}\left(\sqrt[g]{\dfrac{de}{(cb-a)\,f}}+h-i\right)^{j}+kl+o}{\sqrt[t]{(pq+r)\,s}}-uv-w$$

Mon sommeil

$$\left(\frac{\dfrac{m}{n}\left(\sqrt[g]{\dfrac{de}{(cb-a)\,f}}+h-i\right)^{j}+kl+o}{\sqrt[t]{(pq+r)\,s}}-uv-w\right)^{x}$$

Benjamin Péret, 1926.

Ma fortune

$$\left(\frac{\dfrac{m}{n}\left(\sqrt[g]{\dfrac{de}{(cb-a)\,f}}+h-i\right)^{j}+kl+o}{\sqrt[t]{(pq+r)\,s}}-uv-w\right)^{x}-y$$

Ma date de naissance

$$\left(\frac{\dfrac{m}{n}\left(\sqrt[g]{\dfrac{de}{(cb-a)\,f}}+h-i\right)^{j}+kl+o}{\sqrt[t]{(pq+r)\,s}}-uv-w\right)^{x}-\frac{y}{z}$$

dans *Le Grand Jeu*
© Éditions GALLIMARD

### Plein les bottes

L'oreille des lampes écoute les feuilles tomber dans le sel
Le sel aujourd'hui a la forme de son sein
et danse danse
Il dansera tout le jour et la nuit ne l'arrêtera pas
5   il dansera toute la nuit et le réveil des pierres ne
        l'arrêtera pas
    il dansera ainsi jusqu'à ce que les chevaux de frise[1]
        meurent
    comme meurent les glaciers et les neiges
10  Pourtant lorsque la nuit me regardera doucement
        comme un cœur
    les chevaux de frise sentiront leurs os se gonfler
    les voiles les emporter sur des routes douteuses
    où se traînent les cerveaux des reptiles sacrés
15  L'un d'eux dont la main s'allonge vers le portemanteaux
        du charbon
    sourira au passage des chevaux de frise
    Et cependant ils passeront
    Ils passeront si longtemps que leur souvenir se perdra
20  comme un chien dans la mer
    comme un doigt dans un gant
    comme une oreille dans un coquillage
    etc et mille fois etc
    car etc c'est la nuit des borgnes qui s'allonge comme un
25      caoutchouc
    et revient les frapper au visage
    Il est vrai que leur visage est mort puisqu'ils sont borgnes
    et que pour eux la nuit est morte puisqu'elle s'allonge

---

1. Chevaux de frise : grosses poutres traversées de pieux de bois munis de pointes de fer
   que l'on utilisait à la guerre pour les fortifications.

Mais le jour aux doigts de tulipe
30 le jour dont les soupirs disparaissent dans les caves de
l'araignée
le jour enfin dont les regards tombent comme des fruits
le jour pour eux n'est plus qu'un petit bateau d'enfant
isolé dans une baignoire
35 et ils auront beau faire jamais la baignoire n'aura les
oreilles d'un veau
jamais la baignoire ne cassera de noix à midi
jamais la baignoire ne tuera un chat
jamais la baignoire ne fera de veuves
40 car la baignoire est morte
la baignoire est morte comme le pain qui n'a jamais vécu
le pain qui est condamné à mort avant d'être pain
comme l'eau est condamnée à mort avant d'être eau

dans *Le Grand Jeu*
© Éditions GALLIMARD

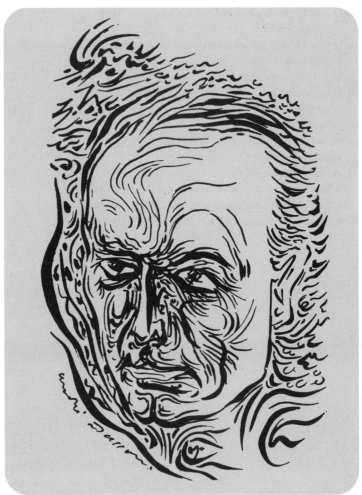

PHILIPPE SOUPAULT

PORTRAIT D'ANDRÉ MASSON PARU DANS
*JOURNAL D'UN FANTÔME*, 1946.

## GEORGIA

Je ne dors pas Georgia
je lance des flèches dans la nuit Georgia
j'attends Georgia
je pense Georgia
5 Le feu est comme la neige Georgia
La nuit est ma voisine Georgia
j'écoute les bruits tous sans exception Georgia
je vois la fumée qui monte et qui fuit Georgia
je marche à pas de loup dans l'ombre Georgia
10 je cours voici la rue les faubourgs* Georgia
Voici une ville qui est la même
et que je ne connais pas Georgia
je me hâte voici le vent Georgia
et le froid silence et la peur Georgia
15 je fuis Georgia
je cours Georgia
les nuages sont bas ils vont tomber Georgia
j'étends les bras Georgia
je ne ferme pas les yeux Georgia
20 j'appelle Georgia
je crie Georgia
j'appelle Georgia
je t'appelle Georgia
Est-ce que tu viendras Georgia
25 bientôt Georgia
Georgia Georgia Georgia
Georgia
je ne dors pas Georgia
je t'attends
30 Georgia

dans *Georgia, Épitaphes, Chansons*
© Éditions GALLIMARD

PHILIPPE SOUPAULT
PHOTOGRAPHIE DE MAN RAY, 1921.

## SAY IT WITH MUSIC

Les bracelets d'or et les drapeaux
les locomotives les bateaux
et le vent salubre[1] et les nuages
je les abandonne simplement
5  mon cœur est trop petit
ou trop grand
et ma vie est courte
je ne sais quand viendra ma mort exactement
mais je vieillis
10  je descends les marches quotidiennes
en laissant une prière s'échapper de mes lèvres
À chaque étage est-ce un ami qui m'attend
est-ce un voleur
est-ce moi
15  je ne sais plus voir dans le ciel
qu'une seule étoile ou qu'un seul nuage
selon ma tristesse ou ma joie
je ne sais plus baisser la tête
est-elle trop lourde
20  Dans mes mains je ne sais pas non plus
si je tiens des bulles de savon ou des boulets de canon
je marche
je vieillis
mais mon sang rouge mon cher sang rouge
25  parcourt mes veines
en chassant devant lui les souvenirs du présent
mais ma soif est trop grande
je m'arrête encore et j'attends
la lumière
30  Paradis paradis paradis

dans *Georgia, Épitaphes, Chansons*
© Éditions GALLIMARD

---

1. Salubre : sain.

# LA RÉVOLUTION SURRÉALISTE

Directeurs :
Pierre NAVILLE et Benjamin PÉRET
15, Rue de Grenelle
PARIS (7)

*Le surréalisme ne se présente pas comme l'exposition d'une doctrine. Certaines idées qui lui servent actuellement de point d'appui ne permettent en rien de préjuger de son développement ultérieur. Ce premier numéro de la Révolution Surréaliste n'offre donc aucune révélation définitive. Les résultats obtenus par l'écriture automatique, le récit de rêve, par exemple, y sont représentés, mais aucun résultat d'enquêtes, d'expériences ou de travaux n'y est encore consigné : il faut tout attendre de l'avenir.*

Nous sommes

à la veille

d'une

RÉVOLUTION

Vous pouvez y

prendre part.

Le BUREAU

CENTRAL

DE RECHERCHES

SURRÉALISTES   15, Rue de Grenelle, PARIS-7°

*est ouvert tous les jours de 4 h. 1/2 à 6 h. 1/2*

*La Révolution surréaliste*, Nº 1, décembre 1924.

# Présentation de l'œuvre

PAUL ÉLUARD ET ANDRÉ BRETON.
PHOTOGRAPHIE DE MAN RAY, VERS 1935.

## LE CONTEXTE SOCIOHISTORIQUE

### Introduction

Il n'est pas rare que les courants artistiques les plus révolution-naires émergent à la suite d'événements sociopolitiques extrêmes. C'est le cas au XIXᵉ siècle lorsque le romantisme fait son apparition en France dans la foulée des guerres napoléoniennes et de la révolution républicaine ratée de 1830. Il en sera de même au début du siècle sui-vant, où dadaïsme et surréalisme surgiront des remous de la Première Guerre mondiale. Il n'est d'ailleurs pas étonnant de voir les surréa-listes établir sur le plan esthétique une certaine filiation entre le cou-rant de Victor Hugo et le leur. De ces deux mouvements se dégage en effet un semblable désir de liberté, d'évasion et de rupture radicale avec le passé, artistique et politique.

### La Première Guerre mondiale (1914-1918)

La Première Guerre mondiale est la première guerre dite « moderne » en ce qu'elle repose sur l'apport d'innovations techni-ques comme le sous-marin, le char d'assaut, l'avion et les premières armes chimiques (chlore gazeux). La production massive de ces nou-velles « machines de guerre » résulte directement de l'industrialisation et du progrès général de la science qui a transformé l'Europe depuis le XIXᵉ siècle. La victoire appartient désormais aux nations possédant les plus puissantes installations industrielles et les appareils militaires les plus sophistiqués.

Ce recours systématique à la technologie aura pour conséquences de précipiter la fin de la guerre en 1918, mais aussi d'augmenter le nombre de victimes (8 millions de militaires, 13 millions de civils), le tout pour un conflit dont on pensait qu'il serait de courte durée.

#### LES ORIGINES DE LA GUERRE

Les origines de la Première Guerre mondiale s'avèrent lointaines et complexes. Depuis la Révolution française, l'Europe est secouée par un vent de liberté qui pousse les peuples assujettis, ou dont l'unité nationale est encore à faire, à lutter pour leur indépendance et à se

ANNONCE DE L'ASSASSINAT DE L'ARCHIDUC
FRANÇOIS-FERDINAND D'AUTRICHE.
*LE PETIT PARISIEN*, 29 JUIN 1914.

tailler une place sur l'échiquier politique européen, le plus souvent par l'annexion de territoires « parents » ou étrangers. L'impérialisme, tout au long du XIXe siècle, devient ainsi une source de conflits importante entre les différentes nations, qui se livrent une compétition féroce. L'Allemagne, en particulier, depuis son unification en 1871, prend de plus en plus d'expansion territoriale (notamment du côté des colonies) et devient une puissance menaçante pour le Royaume-Uni et la France, à qui elle a d'ailleurs pris l'Alsace-Lorraine lors de la guerre franco-prussienne de 1870. Les nombreuses tensions et les incidents diplomatiques qui surviennent entre ces trois puissances manquent de peu, et à plusieurs reprises, de déclencher une guerre, bien longtemps avant celle de 1914. L'Allemagne parvient même à alarmer les Russes en raison de son expansion dans l'est de l'Europe et au Proche-Orient.

Un peu partout ailleurs, même s'il se présente souvent sur un mode mineur, le même mouvement d'indépendance et de nationalisme exacerbé bat son plein. La Belgique, par exemple, s'est séparée des Pays-Bas dès 1830 et l'Italie est unifiée en 1861.

Restent les Balkans (Serbie, Bosnie, Monténégro, Bulgarie, Albanie, Grèce), où l'on vit, encore au début du XXe siècle, sous la domination turque et austro-hongroise. Cette situation difficile développe chez les populations de cette région un nationalisme agressif qui risque de tourner en conflit armé ou en révolution à tout moment.

Enfin, la course aux armements et la création de deux grandes alliances ennemies (la Triple-Alliance, qui réunit l'Allemagne, l'Autriche-Hongrie et l'Italie ; et la Triple-Entente, qui allie la France au Royaume-Uni et à la Russie), formées dans la peur d'une guerre imminente, représentent de véritables bombes à retardement capables d'engendrer un conflit à grande échelle à la moindre occasion. Il ne manquait en somme que le prétexte.

## LE DÉBUT DE LA GUERRE

Ce prétexte viendra des Balkans. L'assassinat de l'héritier du trône austro-hongrois (l'archiduc François-Ferdinand de Hasbourg) par un étudiant bosniaque lié aux nationalistes serbes est une conséquence directe de l'annexion de la Bosnie-Herzégovine par l'Autriche-Hongrie en 1908, annexion ayant soulevé l'opposition des nationalistes bosniaques, mais aussi de la Serbie et de sa principale alliée, la Russie. Le 28 juillet 1914, après s'être assuré du soutien de l'Allemagne, le gouvernement austro-hongrois déclare la guerre à la Serbie, qu'il tient responsable de la mort de l'archiduc. La Russie mobilise partiellement ses troupes au grand déplaisir des Allemands, qui lui déclarent la guerre le 1er août. Par le jeu des alliances, toute l'Europe se retrouve bientôt engagée dans un conflit qui finira par toucher la plus grande partie du monde civilisé, soit plus de 32 nations (28 dans le camp des alliés, y compris le Japon [1914] et les États-Unis [1917]).

## UNE GUERRE DE TRANCHÉES

La Première Guerre mondiale a beau être la première guerre moderne de l'histoire, elle n'en demeure pas moins, de façon plus conventionnelle, une guerre de tranchées, c'est-à-dire une guerre menée essentiellement par l'infanterie, qui se battra à de multiples occasions jusqu'à l'épuisement complet des troupes. La bataille de Verdun, en France, qui s'étend sur plus d'un an (entre février 1916 et février 1917) représente l'une des batailles les plus déterminantes de la guerre et l'une des plus meurtrières. Elle coûtera la vie à plus de 163 000 Français et 143 000 Allemands et fera plus de 400 000 blessés, statistiques d'autant plus choquantes que cette bataille s'avère à peu près inutile au point de vue militaire (les positions des deux armées, allemande et française, ne changent pratiquement pas). Aujourd'hui encore, elle constitue le symbole le plus éloquent de la boucherie qu'a été la « Grande Guerre ».

## LA FIN DE LA GUERRE

L'entrée en guerre des États-Unis le 6 avril 1917 permettra aux alliés de changer le cours des événements. Avec un corps expéditionnaire de plus de 2 000 000 d'hommes, les Américains joueront au printemps 1918 un rôle majeur dans le déroulement de la guerre, d'autant plus que, depuis 1917, l'abattement moral était à son comble chez les soldats de la Triple-Entente. En France, par exemple, après la bataille sanglante du Chemin des dames (16 avril 1917), on rapporte 230 cas de mutinerie qui entraîneront des peines sévères (42 exécutions pour refus de monter au front et de se battre). En Russie, le mécontentement se révèle si grand qu'il provoque la révolution communiste de 1917.

La seconde bataille de la Marne (15 au 18 juillet 1918), remportée par les alliés, annonce le début de la défaite allemande. Celle-ci ne se concrétisera cependant qu'avec l'abdication de Guillaume II, empereur d'Allemagne, le 9 novembre 1918.

L'armistice est finalement signé le 11 novembre en France, dans un train stationné en forêt de Compiègne, où l'armée allemande avait particulièrement sévi. La paix est proclamée par la signature du traité de Versailles en juin 1919.

## LE BILAN

Le bilan des pertes humaines est dévastateur. On compte plus de 1,8 million de morts en Allemagne, 1,7 million en Russie et 1,4 million en France, où une grande partie des batailles les plus meurtrières ont eu lieu. Toutes les infrastructures industrielles, agricoles et urbaines sont d'ailleurs détruites dans le nord-est du pays. Certains villages sont entièrement désertés par les femmes et les enfants, faute d'une présence masculine suffisante à la survie. C'est que plus d'un quart des Français âgés entre 18 et 27 ans sont morts au front. Ces pertes énormes auront des conséquences majeures du point de vue démographique.

Sur le plan politique, la Première Guerre marque l'effondrement de l'Europe en tant que première puissance mondiale et le début de la domination de l'économie par les Américains. Elle entraîne également la création de la Société des Nations (1919), première organisation internationale chargée de maintenir diplomatiquement l'ordre et la paix. Finalement, de façon plus dramatique, la défaite avive en Allemagne, mais aussi en Italie, un désir de revanche qui explique en grande partie la résurgence d'un nationalisme agressif menant assez rapidement à la Seconde Guerre mondiale.

L'affaire Dreyfus évoquée dans
*Le Petit Journal illustré*,
13 janvier 1895.

## La Grande Guerre et les surréalistes

Comme on le verra plus loin, c'est au cours de la Première Guerre mondiale qu'André Breton, chef de file des surréalistes, fera la connaissance de Jacques Vaché alors qu'il est mobilisé au service de santé de l'armée. Cette rencontre sera déterminante quant aux goûts littéraires de Breton et à sa démarche esthétique. C'est aussi au cours de la Première Guerre mondiale que Guillaume Apollinaire, l'un des plus importants précurseurs du surréalisme, est blessé par un éclat d'obus. On retrouve en outre, dans l'œuvre d'Apollinaire, de nombreux témoignages de sa participation au grand conflit, notamment dans *Calligrammes,* un recueil dont le sous-titre (« Poèmes de la paix et de la guerre ») parle de lui-même. Enfin, en 1917, Tristan Tzara, convaincu de la stupidité des valeurs traditionnelles, fonde le dadaïsme.

### La révolution russe de 1917, le socialisme et le communisme

L'industrialisation générale de l'Europe au cours du XIXe siècle suscite l'émergence de mouvements ouvriers étroitement liés au développement d'idéologies dites « de gauche » ou socialistes[1]. L'apparition des idéologies de gauche et de droite marque la scission croissante et profonde entre défenseurs du prolétariat et bourgeoisie capitaliste triomphante. En France, depuis l'affaire Dreyfus[2], la gauche est associée de façon plus générale à l'esprit libéral et progressiste, par opposition à la droite, conservatrice, voire réactionnaire.

---

1. Le socialisme désigne au départ l'ensemble des idéologies et des partis visant à substituer au capitalisme le communisme, qui représente l'aboutissement de la société, tournée non plus vers l'exploitation de la classe ouvrière, mais vers la « mise en commun » des biens et des ressources. Au fil des ans, de nombreuses scissions chez les tenants du socialisme ont mené à la création d'un socialisme moins extrême, qui vise uniquement la réforme du capitalisme.

2. Crise politique qui secoua la France de 1896 à 1899 et qui tourne autour du débat public au sujet de la culpabilité ou de l'innocence du capitaine Alfred Dreyfus, condamné pour espionnage au profit de l'Allemagne. Profondément ancrée dans l'antisémitisme français (Dreyfus était juif), cette crise divisa l'opinion française en deux camps : celui de la gauche (les dreyfusards), proclamant l'innocence de Dreyfus (Émile Zola, écrivain et chef de file du naturalisme, écrivit d'ailleurs à ce sujet le célèbre *J'accuse* en 1898), et celui de la droite (les antidreyfusards), qui maintient la culpabilité du militaire. Dreyfus fut finalement déclaré innocent et réhabilité en 1906, mais l'affaire entraîna des tensions croissantes sur les plans politique et culturel.

La tension entre les deux camps est à son comble lorsque Jean Jaurès (1859-1914), principale figure du socialisme français au début du xxᵉ siècle et pacifiste convaincu, est assassiné par Raoul Levillain (membre de la ligue des jeunes amis de l'Alsace-Lorraine) pour avoir tenté de sauvegarder la paix entre la France et l'Allemagne.

En Russie, le problème est encore plus accentué. Les Russes vivent depuis des siècles sous la domination tsariste, régime absolutiste qui a longtemps maintenu le pays dans la servitude et le conservatisme le plus obsolète. À la fin du xixᵉ siècle, cependant, l'industrialisation rapide de la Russie génère un essor économique spectaculaire et remue de façon dangereuse le vieil ordre social et politique, incapable de faire face à la modernité. L'accroissement des inégalités sociales occasionné par l'industrialisation[1], la conversion de nombreux ouvriers au marxisme[2] et autres idéologies révolutionnaires, le refus du tsar Nicolas II (1868-1918) de céder aux demandes de la population et des intellectuels, les nombreux attentats politiques causés par le climat d'anarchie générale, mais surtout la pauvreté de l'armée et les pertes subies au cours de la Première Guerre mondiale mènent droit à la révolution de 1917, qui marque la création de la République socialiste soviétique (future URSS, en 1922).

Le triomphe du communisme en Russie, avant de déboucher sur les horreurs du stalinisme et la guerre froide[3], soulève très souvent

---

1. Le prolétariat est surexploité par l'industrie ; la paysannerie est dans un état de pauvreté affligeant et ne possède toujours pas les terres qu'elle cultive ; le niveau d'éducation est lamentable, etc.
2. Le marxisme est une idéologie qui tire son origine de l'œuvre de Karl Marx (1818-1883), pour qui toute l'histoire de l'humanité repose sur l'injustice sociale et l'exploitation des classes inférieures par une classe dominante. L'avenir du monde, selon Marx, suppose le dépassement du capitalisme, système exploiteur de la classe ouvrière, par le socialisme, lui-même remplacé éventuellement par le communisme, stade suprême de l'évolution sociale et politique grâce auquel l'égalité entre les classes est assurée.
3. Joseph Staline (1879-1953) acheva de transformer le système politique de l'URSS en une véritable dictature du prolétariat (la classe ouvrière). Il fut la tête dirigeante de l'URSS pendant plus de 30 ans et sera dénoncé après sa mort pour les crimes qu'il avait commis. La guerre froide est la guerre diplomatique qui oppose, au lendemain de la Seconde Guerre mondiale, le bloc capitaliste (les États-Unis en tête) au bloc communiste (l'URSS). Elle se termine avec l'effondrement de l'URSS, en 1991.

l'admiration de la gauche européenne, qui voit en lui le salut du monde moderne. En France, le parti communiste, dont la création en 1920 fait suite à de nombreuses tensions entre les différentes factions gauchistes, se dit d'ailleurs pro-bolchevik[1] jusqu'en 1934 et maintient un discours farouchement révolutionnaire. Cette position extrémiste lui vaudra d'être coupé du reste de la gauche française, mais entraînera l'adhésion de nombreux intellectuels, dont André Breton et les surréalistes, en 1927.

De manière générale, l'idéologie communiste gagne des adeptes un peu partout en Europe et au-delà de ses frontières. La fondation de la République populaire de Chine par Mao Zedong (1893-1976) le 1er octobre 1949 en fournit le meilleur exemple. En fait, jusqu'à l'effondrement de l'URSS (1991) et la montée du libéralisme et de la mondialisation, le communisme demeure l'une des idéologies les plus prisées en Occident par les artistes, les intellectuels et une grande partie de la classe ouvrière.

## La marche vers la Seconde Guerre mondiale et la fin de la IIIe République

Secouée par de nombreuses révolutions républicaines et autant de régimes politiques plus ou moins satisfaisants, la France du XIXe siècle semble trouver une certaine stabilité politique avec l'avènement de la IIIe République, le plus long des régimes républicains de l'histoire de ce pays. Cette nouvelle République, née de la défaite de 1870 (guerre franco-prussienne), durera en effet jusqu'au 10 juillet 1940. À cette date, le gouvernement français, en pleine Seconde Guerre mondiale, reconnaît la domination de l'ennemi allemand et impose un régime de collaboration mieux connu sous le nom de gouvernement de Vichy.

Réactionnaire, chauvine (voire résolument raciste), bourgeoise et capitaliste à outrance, la France de la IIIe République est également celle d'un certain progrès : électricité, radio, téléphone, voiture, chemin de fer, ouverture et laïcisation de nombreuses écoles, etc.

---

1. Le parti bolchevique est le parti des révolutionnaires russes qui ont mené la révolution de 1917.

## L'EMPIRE COLONIAL FRANÇAIS

On associe d'abord la III^e République au triomphe de l'esprit colonialiste et à l'apogée de l'empire colonial français. Ébranlés par la défaite de leur armée lors de la guerre franco-prussienne, les Français se tournent vers la conquête de territoires étrangers dans l'espoir de redorer leur blason et de faire oublier la perte de l'Alsace-Lorraine. On espère également rebâtir l'économie en accédant à de nouvelles richesses. Finalement, l'« aventure » coloniale est encouragée par de vieilles rivalités avec l'Angleterre, puissance résolument impérialiste et ennemie historique de la France.

Dès 1871, cette dernière étend sa présence depuis l'Algérie à la Tunisie et au Maroc afin de damer le pion aux Italiens et aux Allemands, qui visaient eux aussi ces territoires. Elle s'empare ensuite d'une partie de l'Afrique noire (Gabon, Congo, Côte-d'Ivoire, etc.) ainsi que de Madagascar, île annexée en 1896. Elle étendra aussi sa domination à la Cochinchine, au Cambodge, au Laos, et aux régions de l'Annam et du Tonkin (futur Viêtnam), si bien qu'en 1939 l'empire français est peuplé d'environ 70 millions d'habitants et couvre quelque 12 millions de kilomètres carrés.

Le colonialisme et l'impérialisme, que l'on associe à la droite française, témoignent du caractère nettement conservateur de la III^e République et du triomphe du capitalisme, auquel ils sont directement associés. Bien que hautement contestables sur plusieurs points, ils n'en ont pas moins permis l'élargissement des frontières culturelles et ont eu leur rôle à jouer dans la révolution artistique entamée dès la fin du xix^e siècle, où l'influence de l'art primitif se fait sentir. Au xx^e siècle, l'introduction de l'« art nègre » en France entraînera la naissance de l'art moderne.

## LES ANNÉES FOLLES

L'expression désigne les années 1920, époque caractérisée par l'insouciance et la joie de vivre ainsi que par la reprise de l'économie dans un grand nombre de pays éprouvés par la Première Guerre mondiale. La France, en particulier, connaît, en ces années de bouillonnement culturel et de remise en question des valeurs d'avant-guerre, une hausse rapide de sa production industrielle grâce aux investissements étrangers.

Tout se déroule comme si la promesse d'un monde meilleur, ayant tiré ses leçons de la guerre, était en voie de se réaliser. Le temps est à la fête, à l'ouverture sur le monde, au relâchement de la censure, à l'expérimentation artistique et aux excentricités décadentes. Paris se montre plus cosmopolite que jamais. Dans le quartier de Montparnasse, des peintres italiens (Modigliani) ou espagnols (Picasso) côtoient des écrivains américains (Hemingway) ; le jazz et le charleston mettent les cœurs en fête ; les surréalistes enterrent Dada et vont de provocation en provocation. Ce moment de liberté et d'émancipation semble presque trop beau pour durer.

Le danger majeur est celui qui guette toutes les sociétés aveuglées par leur bien-être économique : la surproduction. L'industrie est *trop* bien portante. Si l'on ajoute à cet écueil la spéculation boursière excessive, la crise continue de l'agriculture (exclue de la reprise économique en raison de la baisse substantielle des prix des produits de gros), on obtient la parfaite combinaison pour une crise à grande échelle. Celle-ci surviendra sournoisement le 24 octobre 1929, avec l'effondrement de la Bourse de Wall Street (New York).

## LE KRACH BOURSIER DE 1929, LA MONTÉE DU FASCISME ET LA SECONDE GUERRE MONDIALE

Le krach boursier de 1929 plonge les États-Unis dans le marasme économique le plus total. Si les géants de l'industrie sont durement frappés, des centaines de milliers de petits consommateurs et actionnaires sont carrément ruinés. Les banques, qui avaient multiplié les crédits au cours des Années folles, ne peuvent plus se rembourser auprès de leurs clients désargentés. Elles se tournent alors vers l'étranger afin de réclamer leurs prêts aux nations ruinées par la Première Guerre mondiale et retirent leurs capitaux investis un peu partout en Europe. De nationale, la crise devient rapidement mondiale.

En 1932, plus de 30 millions de personnes sont au chômage. Les classes moyennes s'appauvrissent et font chuter la consommation, particulièrement en France et en Allemagne. Cette dernière figure probablement parmi les pays les plus rudement touchés par la crise en raison de ses dettes considérables envers les États-Unis et le Royaume-Uni, où un cinquième de la population est sous-alimenté.

Si les Américains trouvent leur « sauveur » en la personne du démocrate Franklin D. Roosevelt, élu en 1932 et instaurant des mesures draconiennes afin de sortir son pays du marasme, l'Allemagne accueille favorablement l'émergence d'un parti[1] au chef charismatique et autoritaire. En 1933, l'élection d'Adolf Hitler, qui a conquis une partie de ses compatriotes par un discours résolument nationaliste et antisémite[2], annonce la fin de la crise économique en Allemagne, mais aussi le début de la Seconde Guerre mondiale.

Déjà, depuis 1922 en Italie, Benito Mussolini répandait et imposait ses idées d'extrême droite. Avec l'élection à la chancellerie d'Hitler, le fascisme devient à partir des années 1930 une idéologie dangereusement présente en Europe et une menace pour le monde démocratique. La Seconde Guerre mondiale sera ainsi principalement une guerre d'idéologies opposant « le monde libre » aux dictatures d'extrême droite.

Dans ce contexte de crise économique et idéologique, il n'est pas étonnant de voir les surréalistes, fondamentalement libertaires, insister sur l'importance de l'engagement politique. Sans compter que le fascisme d'Hitler condamnait sur le plan artistique la notion de modernité et voulait substituer aux efforts des artistes d'avant-garde un académisme besogneux et profondément réactionnaire[3].

---

1. Le parti national-socialiste des travailleurs allemands.
2. Hitler n'hésite pas à parler de « Renaissance de l'Allemagne » et accuse Juifs et communistes d'avoir provoqué la crise économique.
3. Hitler, peintre manqué, avait été recalé deux fois au concours d'entrée de l'Académie des beaux-arts de Vienne.

## LE CONTEXTE CULTUREL

### Le xxᵉ siècle ou le triomphe de l'art moderne

## LA FIN DU RÉALISME ET L'HÉRITAGE DU SYMBOLISME

Avec la mort de Zola en 1902, le réalisme tire à sa fin. Au xxᵉ siècle, les écrivains chercheront moins à reproduire le monde matériel qu'à méditer sur la relation qu'ils entretiennent avec celui-ci. Déjà, à la fin du siècle précédent, le symbolisme optait pour une représentation transfigurée du monde physique, seule susceptible de dépasser la plate réalité. Les poètes Stéphane Mallarmé, Arthur Rimbaud, Paul Verlaine, Lautréamont, mais aussi des peintres comme Paul Gauguin, Vincent Van Gogh et Gustave Moreau[1] ont ainsi façonné un univers de symboles où le visible sert à évoquer l'invisible, les mots et les couleurs servant quant à eux à traduire une vision souvent mystique de l'univers. Sur le plan formel, le symbolisme brisait les règles, louait les mérites de la rime impaire, donnait ses lettres de noblesse au poème en prose. Aucun courant avant le surréalisme n'a fait plus que lui pour libérer la poésie de ses attaches au monde matériel. Hermétique, souvent décadent, substituant l'alchimie à la science, l'ésotérisme à la religion, le symbolisme marque en quelque sorte le début de l'art moderne.

## LA LITTÉRATURE AU DÉBUT DU SIÈCLE

Les romanciers du siècle nouveau, dans la foulée de la révolution entamée par les symbolistes, s'adonnent à une littérature intimiste où l'exploration formelle se conjugue à une méditation sur le monde des sensations (*À la recherche du temps perdu* de Marcel Proust), à une réflexion sur la vie (*Les Nourritures terrestres* d'André Gide) ou sur l'identité féminine (la série des *Claudine* de Colette)[2]. Parallèlement, Paul Claudel et Charles Péguy [3], tout en se permettant certaines

---

1. Paul Gauguin (1848-1903), Vincent Van Gogh (1853-1890), Gustave Moreau (1826-1898).
2. *À la recherche du temps perdu* (1913-1927) de Marcel Proust (1871-1922), *Les Nourritures terrestres* (1897) d'André Gide (1869-1951), la série des *Claudine* (1900-1903) de Colette (1873-1954).
3. Paul Claudel (1868-1955), Charles Péguy (1873-1914).

libertés sur le plan formel, s'imposent comme des figures littéraires « de droite » en remettant au goût du jour le thème religieux.

Original et éclectique, Guillaume Apollinaire, fils d'un officier italien et d'une mère polonaise, se lie d'amitié avec des peintres d'avant-garde (Picasso, Braque, Matisse, Marie Laurencin [1]) et travaille à une poésie où sa sensibilité amoureuse et son horreur de la guerre s'expriment dans une forme éclatée : mise en pages « sculpturale » de vers libres, syntaxe brisée, etc. Cette façon de jouer avec la forme n'est pas sans rappeler l'univers de ses amis peintres, dont il prend d'ailleurs la défense à l'occasion du Salon des indépendants [2], en 1908.

## LE DADAÏSME

La véritable explosion viendra avec l'apparition dans le paysage littéraire français d'un jeune Roumain du nom de Tristan Tzara. Déçu par les valeurs de l'Occident, convaincu que révolution artistique et révolution sociale sont étroitement liées, Tzara fonde le dadaïsme à Zurich au cours de la Première Guerre mondiale.

Le mouvement dada, profondément nihiliste, entend faire table rase du passé, tant dans le domaine littéraire que sur le plan plastique. Son nom même, qui signifie « cheval » en langage enfantin, traduit la volonté de débarrasser l'art de ses règles contraignantes et de son intellectualisme trop prononcé, juste bon à satisfaire une poignée de privilégiés. Les dadaïstes du Cabaret Voltaire [3] cherchent à revenir à une forme d'expression plus primitive et viscérale, élaborant à cet effet une esthétique centrée en littérature autour de l'utilisation d'onomatopées et de mots aux sonorités déformées, du rejet de la logique traditionnelle et de l'introduction du hasard dans la création,

---

1. Pablo Picasso (1881-1973), Georges Braque (1882-1963), Henri Matisse (1869-1954), Marie Laurencin (1885-1956).

2. Exposition créée afin de permettre aux artistes rejetés par l'exposition officielle de se faire connaître. Ce fut l'une des expositions les plus courues à Paris à l'époque.

3. Le Cabaret Voltaire est le lieu, à Zurich, où a été créé le mouvement dada et où se rassemblaient ses premiers membres (Tzara, Hugo Ball, Hans Richter, Jean Arp, etc.). Il s'agit en fait de l'arrière-salle d'une taverne.

le tout dans le but de protester contre les horreurs de la guerre, la stupidité de la société moderne et la laideur générale de la civilisation européenne. Le célèbre poème de Tzara, *Pour faire un poème dadaïste*[1], est en soi un véritable art poétique. Fini l'académisme, seules comptent désormais l'impulsion créatrice et l'improvisation brute et brutale. Les premiers spectacles offerts par les dadaïstes sont éloquents à cet effet : vêtus de déguisements spécialement conçus pour l'occasion, Tzara et compagnie mêlent indifféremment danses, poèmes et chansons dans un tour de piste qui évoque l'aspect tribal de certaines cérémonies africaines.

En 1920, Tzara rejoint son ami Francis Picabia[2] à Paris et dirige la revue *Dada*, qui impose ses idées provocatrices et son esthétique révolutionnaire. Il gagne l'appui et la collaboration de jeunes poètes français (André Breton, Paul Éluard, Philippe Soupault, Benjamin Péret), mais cette association ne durera pas. Breton, en particulier, reproche à Tzara et au dadaïsme de se complaire dans le nihilisme et de ne rien offrir en guise de substitut au monde qu'ils détruisent. C'est ainsi qu'en 1924 Breton rompt avec le mouvement dada et crée le surréalisme.

## LE SURRÉALISME

Les surréalistes, comme les dadaïstes, s'opposent de façon radicale aux valeurs bourgeoises du monde occidental, mais Breton, inspiré par les recherches de Sigmund Freud[3], fait du rêve et de l'inconscient la pierre d'assise de son mouvement. Par l'entremise de l'écriture automatique, exercice consistant pour le poète à jeter impulsivement sur papier ce qui traverse son esprit « en l'absence de tout contrôle exercé par la raison, en dehors de toute préoccupation esthétique et morale[4] », Breton entend à la fois libérer la poésie, briser les tabous

---

1. Voir p. 39.
2. Francis Picabia (1879-1953), l'un des pionniers de l'art abstrait au XXᵉ siècle, particulièrement intéressé par la représentation des états d'âme de l'artiste et la transposition picturale des impressions nuancées par la mémoire.
3. Sigmund Freud (1856-1939), père de la psychanalyse, dont les premiers ouvrages étaient depuis peu offerts en français.
4. *Manifeste du surréalisme* (1924).

de cette société qu'il abhorre et investiguer le champ mystérieux de l'inconscient. Le chef de file du mouvement surréaliste voit dans *Les Champs magnétiques*[1], recueil rédigé conjointement avec Philippe Soupault en 1920, le premier texte où a été faite l'expérience de l'écriture automatique. À cet instrument fascinant de connaissance du monde s'ajoute le goût de l'étrange, du fantastique, du bizarre et de l'humour noir, qui pousse Breton à se réclamer de poètes comme Mallarmé, Rimbaud et Lautréamont, mais aussi du marquis de Sade[2] et même de Victor Hugo ou de William Blake[3], deux écrivains s'étant adonnés à l'aquarelle et dont l'œuvre plastique annonce selon lui les couleurs de son mouvement. L'essentiel de ces réflexions et précisions constitue le cœur du *Premier manifeste du surréalisme* en 1924 et contribue à imposer une nouvelle esthétique qui remportera un vif succès non seulement en littérature, mais également en peinture auprès d'artistes tels que Joan Miró, René Magritte et Salvador Dalí[4]. Les tenants littéraires du surréalisme poursuivront leur démarche à travers de nombreuses publications individuelles, mais aussi dans la revue *La Révolution surréaliste,* organe officiel fondé en 1924 et qui devient *Le Surréalisme au service de la révolution* à partir de 1930.

Ce changement en apparence anodin souligne en fait l'engagement politique du surréalisme. C'est que l'adhésion des membres du surréalisme au parti communiste en 1927, la crise économique dans laquelle s'enfonce l'Europe et la montée du fascisme poussent Breton à mettre le surréalisme au service de la révolution sociale et politique en marche. Cet engagement, qui sera discuté et défini plus amplement dans le *Second manifeste du surréalisme* en 1929, provoque des dissensions au sein du mouvement, dissensions occasionnées également par la forte personnalité de Breton, peu réceptif à la critique. Ainsi, Antonin Artaud et Philippe Soupault se dissocient du surréalisme et sont « remplacés » par de nouveaux membres comme René Char,

---

1. Voir p. 85.
2. Marquis de Sade (1740-1814), écrivain libertin du xviiie siècle, auteur d'une œuvre longtemps (et encore aujourd'hui !) jugée scandaleuse, dans laquelle se côtoient sexualité, perversion et violence.
3. Victor Hugo (1802-1885), chef de file des romantiques français ; William Blake (1757-1827), peintre, graveur et poète anglais.
4. Joan Miró (1893-1983), René Magritte (1898-1967), Salvador Dalí (1904-1989).

Francis Ponge et Luis Buñuel [1], cinéaste ayant réalisé avec Salvador Dalí les chefs-d'œuvre *Un chien andalou* (1928) et *L'Âge d'or* (1930). Breton se réconcilie également avec Tristan Tzara en 1929.

À partir de 1936, le mouvement surréaliste, dont le succès déborde largement les frontières de la France, organise sa première « exposition internationale ». La plus célèbre sera celle de 1938 à la Galerie des beaux-arts, à Paris. Notons encore que Breton et les surréalistes participeront au cours des années 1930 aux revues *Documents* et *Minotaure,* toutes deux se portant à la défense de l'art moderne.

À la fin de la Seconde Guerre mondiale, Breton poursuit la démarche entamée au cours des années 1920-1930, mais le surréalisme semble avoir fait son temps. L'existentialisme de Jean-Paul Sartre, Simone de Beauvoir et Albert Camus [2] occupe désormais le haut du pavé, et Breton, qui ne s'est pas assagi, semble aller de discorde en discorde, rompant avec tous ceux qui avaient assuré le succès du mouvement d'avant-guerre. Malgré tout, le surréalisme continuera à exercer une influence évidente sur le monde artistique européen et américain jusque dans les années 1960, au cours desquelles Breton trouve la mort (1966). La fin officielle du mouvement est annoncée dans le journal français *Le Monde* (1969).

## LA LITTÉRATURE SURRÉALISTE

« Liberté, amour, poésie » sont les mots d'ordre du surréalisme. Courant essentiellement poétique, le surréalisme trouve dans la poésie le genre le plus à même de servir ses ambitions, soit de traduire par écrit le monde de l'inconscient et de révéler à travers l'enchaînement de mots et d'images disparates, sans liens logiques apparents, la beauté étrange du rêve. L'œuvre complète de Benjamin Péret, que son auteur a baptisée *Le Gigot, sa vie, son œuvre,* est peut-être la plus représentative de l'écriture automatique. Les surréalistes sont également les inventeurs du « cadavre exquis », technique d'écriture collective qui consiste à écrire et à masquer un mot en pliant la feuille sur laquelle on l'a écrit, puis à passer la feuille à son voisin, qui ajoute un

---

1. René Char (1907-1988), Francis Ponge (1899-1988), Luis Buñuel (1900-1983).
2. Jean-Paul Sartre (1905-1980), Simone de Beauvoir (1908-1986), Albert Camus (1913-1960).

nouveau mot et répète la procédure en passant la feuille à un autre, etc. Le résultat, toujours inattendu et étonnant, se rapproche lui aussi de l'esthétique obtenue par l'écriture automatique. La démarche rappelle que le surréalisme est largement tributaire du dadaïsme, qui misait beaucoup sur l'importance du hasard dans la création.

L'amour, que les surréalistes associent de près à la force du désir et à la folie, est l'un des thèmes fétiches de Breton, qui lui consacre les œuvres en prose *Nadja* (1928) et *L'Amour fou* (1937), dans lesquelles l'auteur vante la force du sentiment amoureux en tant que moteur et révélateur de l'inconscient.

La liberté, finalement, est à concevoir et à revendiquer autant du point de vue artistique que du point de vue social. Breton ne voit aucune contradiction entre art et politique, la liberté de l'artiste contribuant à libérer la société qui, à son tour, favorise l'expression libre de l'artiste.

C'est autour de ces trois mots d'ordre (liberté, amour, poésie) que s'échafaudera l'essentiel du corpus surréaliste, à une époque où la société, prédestinée à la guerre et aux excès politiques, remet souvent leur importance en question.

## L'ART MODERNE ET LA PEINTURE SURRÉALISTE

Le dadaïsme et le surréalisme touchant autant la littérature que les arts plastiques et s'étant élaborés dans une atmosphère de collaboration étroite entre écrivains et artistes, il convient de se pencher un instant sur l'évolution des arts graphiques au XXe siècle.

L'art moderne désigne en peinture un ensemble de mouvements qui cherchent tous, chacun à leur façon, à rompre de manière assez marquée avec les canons de la beauté établis depuis la Renaissance. Dès 1863, Édouard Manet[1] choque en exposant *Olympia*, nu jugé vulgaire par la critique bourgeoise et qui tranche résolument avec l'esthétique conventionnelle, plus chaste et désincarnée. À partir de cette date, un grand nombre de peintres poursuivront une démarche visant à s'affranchir de l'académisme régnant et à explorer des territoires jusque-là inconnus. Les impressionnistes transformeront à la fin du

---

1. Édouard Manet (1832-1883).

xix^e siècle l'approche de la couleur et de la lumière, innoveront par le choix de sujets inusités et jugés indignes de la peinture « officielle » et mettront à profit les nouvelles technologies (invention de la peinture en tubes et du chevalet portatif), qui leur permettent de quitter le studio et de travailler de façon plus rapide et impulsive.

Au début du xx^e siècle, trois mouvements d'avant-garde contribuent à définir l'art moderne :

### Le fauvisme

Le nom de ce courant provient de la tendance des artistes qui y adhèrent à utiliser des couleurs criardes, loin des couleurs nuancées de la nature, afin d'exprimer leur personnalité sur la toile. Inspirés par Gauguin et optant pour un dessin près de l'esquisse, Matisse, Derain, Maurice de Vlaminck, Georges Braque et Kees Van Dongen[1] enchaînent les œuvres bigarrées aux contrastes choquants, délaissant par là l'imitation de la nature.

### L'expressionnisme

Ce courant prend naissance en Allemagne à la même époque que le fauvisme et est constitué de deux écoles distinctes : *Die Brücke* (« le pont », en allemand) et *Der Blaue Reiter* (« le cavalier bleu »), toutes deux privilégiant comme le fauvisme les couleurs pures, mais optant pour un dessin qui va vers l'abstraction des formes, censées révéler leur spiritualité. L'expressionnisme, de même que les courants qui lui succéderont, seront condamnés par Adolf Hitler, qui contraindra leurs représentants à fuir l'Allemagne.

### Le cubisme

Inventé par Pablo Picasso, peintre espagnol ayant élu domicile en France, et Georges Braque, le cubisme allie la géométrisation des formes à l'influence de la sculpture primitive, en particulier la sculpture africaine. Cette influence s'avère particulièrement notable dans *Les Demoiselles d'Avignon* de Picasso, en 1907. On distingue deux phases au cubisme : le « cubisme analytique », qui ramène l'espace de

---

1. André Derain (1880-1954), Maurice de Vlaminck (1876-1958), Kees Van Dongen (1877-1968).

trois à deux dimensions, c'est-à-dire que les différents angles d'un même objet ou d'une même figure sont représentés en aplat sur la toile ; et le « cubisme synthétique », qui repose essentiellement sur la technique du collage et l'utilisation d'objets réels en peinture au lieu de leur représentation picturale. Le cubisme deviendra l'un des courants d'avant-garde les plus populaires et influents du début du XX$^e$ siècle.

## La révolution plastique des dadaïstes

L'art dada se développe à Zurich à partir de 1915 autour d'artistes comme Jean Arp et Sophie Taeuber, qui s'adonnent principalement au collage abstrait, et à New York, où Francis Picabia et Marcel Duchamp ont trouvé refuge pendant la guerre. Picabia, qui se consacre entre autres à la peinture de machines, dénonce l'inhumanité amenée par l'industrialisation et fournit au dadaïsme son iconographie la plus représentative. Duchamp, quant à lui, invente le procédé du *ready-made,* qui consiste à élever au statut d'œuvre d'art un objet « de tous les jours » en l'exposant dans un musée. C'est ainsi qu'en 1917 il présente un urinoir de toilettes publiques sous le titre de *Fontaine,* tournant par là en dérision le rôle des institutions et soulignant le caractère purement arbitraire du « goût bourgeois ».

## La peinture surréaliste

S'inspirant des artistes d'avant-garde du début du XX$^e$ siècle, comme Picasso, Picabia et Duchamp, les peintres surréalistes puisent également leur inspiration dans l'œuvre de peintres plus anciens, comme Jérôme Bosch [1] ou William Blake, ainsi que dans celle des artistes de la fin du XIX$^e$ siècle, en particulier celle des symbolistes Gustave Moreau et Odilon Redon [2]. Tous ces peintres semblent avoir des points en commun : ils privilégient chacun à leur manière le merveilleux, le fantastique, et manifestent un intérêt marqué pour les mythes et les symboles, souvent ésotériques. La peinture surréaliste,

---

1. Jérôme Bosch (1450-1515).
2. Odilon Redon (1840-1916).

comme la littérature du même nom, cherche à choquer et à surprendre par la combinaison d'éléments, d'objets ou de figures disparates, souvent étranges ou mythiques, et à prendre ses distances par rapport au monde matériel, dominé essentiellement par la logique et la raison. Dans *Le surréalisme et la peinture* (1928), Breton insiste d'ailleurs pour montrer que la peinture surréaliste ne doit pas s'inspirer de la nature, mais d'un « modèle intérieur », tout comme la poésie doit s'acharner à investiguer le monde de l'inconscient. Ainsi, conformément à ce que l'on définit comme la modernité dans l'art, le regard que jette l'artiste sur le monde importe plus que le monde lui-même.

La première exposition surréaliste a lieu en 1925. À cette époque, Max Ernst, André Masson et Joan Miró représentent les principales figures du mouvement. L'adhésion de Salvador Dalí, de l'Américain Yves Tanguy[1], mais aussi de René Magritte et d'Alberto Giacometti[2] est plus tardive, mais leur collaboration au surréalisme de Breton n'en demeure pas moins des plus importantes et célèbres. Qui, par exemple, n'a vu les montres molles de Dalí, fondant dans un désert sur des supports aux formes mystérieuses? L'imagerie proposée par les peintres surréalistes aura un impact considérable sur l'esthétique du XXe siècle, non seulement en peinture, mais également en photographie et au cinéma. Dalí, lui-même cinéaste à ses heures, sera en outre engagé par le réalisateur Alfred Hitchcock[3] pour contribuer à la séquence du rêve de son film *Spellbound,* en 1945. Luis Buñuel continuera, quant à lui, à réaliser des films d'inspiration surréaliste jusqu'à sa mort, en 1983.

---

1. Yves Tanguy (1900-1955), peintre américain d'origine française.
2. Alberto Giacometti (1901-1966), sculpteur et peintre suisse.
3. Alfred Hitchcock (1899-1980).

LITHOGRAPHIES D'ODILON REDON (1840-1916)
POUR L'ÉDITION VOLLARD D'*UN COUP DE DÉS*, 1897.

MUSÉE DÉPARTEMENTAL STÉPHANE MALLARMÉ, VULAINES-SUR-SEINE.

## LES ŒUVRES EXPLIQUÉES

### Les précurseurs

# STÉPHANE MALLARMÉ (1842-1898)

## Repères biographiques

Stéphane Mallarmé naît le 18 mars 1842. Profondément marqué par la mort de sa mère en 1847, il est confié à ses grands-parents, puis mis en pension en 1852. Mallarmé se révèle un élève plutôt médiocre et est renvoyé du lycée quelques années plus tard. En 1857, le décès de sa sœur s'ajoute aux épreuves du jeune homme, qui écrit ses premiers textes poétiques.

Passionné par Edgar Allan Poe, Mallarmé se tourne vers l'enseignement de l'anglais. Il s'installe à Londres, où il épouse une jeune gouvernante allemande, Maria Gerhard. De ses premiers poèmes, publiés dès 1866, se dégage la forte influence de Charles Baudelaire. Il y exprime, comme la plupart des poètes parnassiens avant lui, l'amertume éprouvée devant un impossible idéal.

De retour en France à partir de 1863, il enseigne l'anglais à Toulon, où il se considère comme un exilé. Après la « scène » d'*Hérodiade* [1], qui le confronte aux limites de son écriture, Mallarmé entre dans une période de doute et de silence qui l'amène à revoir son approche de la poésie. Il se lie alors d'amitié avec Paul Verlaine et reprend son œuvre, qui se fait plus personnelle et novatrice. L'accent est désormais mis moins sur le sens du poème que sur les mots, leur sonorité, leur rareté, leur étrangeté. En 1870, il se réjouit du début de la IIIe République et prend congé de l'enseignement. Il s'installe à Paris, rue de Moscou, et fait la rencontre d'Arthur Rimbaud en 1872, puis celle du peintre Édouard Manet, qu'il soutient lors du refus de ses œuvres au Salon [2] de 1874. Par Manet, Mallarmé fait également la connaissance d'Émile Zola, aux côtés duquel il se rangera lors de l'affaire Dreyfus et de la parution de *J'accuse*, en 1898.

---

1. Long poème de Mallarmé commencé en 1864 sur lequel il travaillera une bonne partie de sa vie et qui ne le satisfera jamais.

2. Salon : célèbre et importante exposition annuelle de peinture.

En 1883, Verlaine publie un troisième article sur les poètes maudits, qu'il consacre entièrement à son ami. De pair avec le roman *À rebours* de Joris-Karl Huysmans, dans lequel le personnage principal nourrit une vive admiration pour les œuvres poétiques de Mallarmé, l'article de Verlaine permet de sortir de l'ombre le poète éprouvé par la mort de son fils en 1879. Mallarmé, désormais connu du milieu artistique, tient ses célèbres « mardis », rencontres informelles entre poètes regroupant tant les « vieux symbolistes » qu'une horde de jeunes écrivains et poètes (Claudel, Valéry, Gide, etc.) entichés de leur maître.

En 1892, le compositeur Claude Debussy écrit *Prélude à l'après-midi d'un faune,* inspiré par un poème contenu dans *Hérodiade,* œuvre musicale qui contribue à confirmer l'importance de l'auteur d'*Un coup de dés.* Retraité de l'enseignement à partir de 1893 en raison d'attaques aiguës de rhumatisme, Mallarmé donne des conférences littéraires à Oxford et à Cambridge. La mort de Verlaine en 1896 fait de lui le nouveau prince des poètes. Le 8 septembre 1898, victime d'un spasme du larynx, il recommande à sa femme et à sa fille de brûler ses papiers et ses notes, convaincu qu'« il n'y a pas là d'héritage littéraire ». Il meurt le lendemain, du même malaise.

### L'œuvre expliquée

Toute l'œuvre poétique de Mallarmé à partir de 1870 est centrée sur l'exploration du langage et du rejet de l'idée en poésie. En privilégiant la sonorité et la beauté des mots au détriment de leur sens et en suggérant (au lieu de nommer clairement) le propos dans ses poèmes, Mallarmé s'éloigne de la conception parnassienne de la poésie, plus classique dans sa limpidité et sa représentation de la réalité. Ses textes sont une invitation à quitter le monde rationnel et à « sentir » le poème plutôt qu'à le comprendre. C'est cette volonté de chercher une vérité au-delà de la sphère du concret et, surtout, cette fascination pour l'étrangeté du langage une fois dégagé de sa fonction utilitaire qui font de Mallarmé l'un des précurseurs du surréalisme. Son célèbre poème *Sonnet allégorique de lui-même,* qu'on appelle aujourd'hui « le sonnet en –*yx* », traduit ces deux aspects fondamentaux. Écrit en 1868 et paru dans une version profondément remaniée en 1887, le poème évoque la crise existentielle qui secoua l'écrivain et l'amena au bord du gouffre. Il y est question d'une angoisse projetant sa lumière sur les rêves et conduisant le Maître jusqu'au néant, une angoisse qui cause le malheur du poète, mais qui constitue en même temps sa planche de salut, en ce qu'elle lui permet de lutter contre les ténèbres. Toute la poésie de Mallarmé évoque également un espace limité, intime, qui se réduit souvent à une pièce (le salon du sonnet en *–yx*), la plupart du temps lieu de création ou de réflexion. Dans *Un coup de dés*, l'espace devient simplement celui qu'occupe le poème sur la feuille, l'éclatement de la mise en pages traduisant la volonté de créer un espace fictif annulant l'espace extérieur. Cette constante recherche formelle qui amène le poète à se couper du monde tangible aura une influence profonde sur les surréalistes, pour qui l'aventure littéraire est désormais celle de l'exploration de l'intériorité, et la beauté, celle du rêve et de l'étrangeté.

## LAUTRÉAMONT (1846-1870)

### Repères biographiques

On connaît peu de chose de la vie de Lautréamont. Né Isidore Ducasse, il était le fils d'un chancelier du consul de Montevideo. Sa mère se suicida un an après sa naissance, et il grandit sur les bords du Rio de la Plata[1], apprenant à parler aussi bien le français que l'espagnol. À 13 ans, son père l'envoya poursuivre ses études en France. Bon élève, il obtint son baccalauréat en 1865 et, en 1867, s'installa à Paris dans le quartier de la Bourse. Il semble avoir vécu là dans le plus total isolement, se consacrant entièrement à l'écriture et au piano, qui calmait ses migraines et ses insomnies. En 1869, il publie à compte d'auteur *Les Chants de Maldoror*, recueil de poésies qui ne sera remarqué qu'en 1890 par les symbolistes, avant d'être porté aux nues par Breton et les surréalistes. Un an plus tard paraissent deux fascicules sous le nom de *Poésies I et II*, sensés, aux dires de l'auteur, proposer une poétique de l'espoir en contraste avec l'ironie mordante des *Chants*. Les circonstances entourant la mort du poète, en 1870, demeurent mystérieuses, bien qu'on ait écarté l'hypothèse d'un suicide.

---

1. Montevideo et le Rio de la Plata sont respectivement la capitale de l'Uruguay et l'estuaire où la ville a été bâtie.

### L'œuvre expliquée

*Les Chants de Maldoror* demeurent l'œuvre la plus connue de Lautréamont. Les surréalistes y admiraient la force et la diversité des images, toujours saisissantes et inattendues. Ainsi, dans le *Chant premier*, les aboiements des chiens sont comparés tour à tour au cri d'un enfant affamé, d'un chat blessé, d'une femme sur le point d'accoucher, d'un pestiféré à l'agonie et, de façon surprenante, au chant sublime d'une jeune fille! Cette dernière métaphore, plutôt déconcertante, résume à elle seule l'œuvre de Lautréamont, ironique et perverse. C'est que l'auteur écrit contre les courants de son époque : le romantisme persistant et pleurnichard à la Hugo et le réalisme étouffant qui oblige aux comparaisons évidentes. À partir d'un thème éminemment romantique (la beauté et la force de l'océan), il s'amuse à brouiller les pistes, mêlant à l'évocation déformée des poésies de Baudelaire, de Musset, de Lamartine ou de Victor Hugo des clins d'œil au roman populaire, des extraits encyclopédiques (médecine, zoologie) intercalés, des formules administratives, des références bibliques, tout cela dans un style à la syntaxe brisée, incertaine, fruit à la fois de sa jeunesse et de sa double culture.

Ailleurs dans son œuvre, Lautréamont s'oppose également à la moralité bourgeoise de l'époque, faisant l'apologie du mal et de la laideur morale, dépeignant Maldoror, son double poétique, comme un être découvrant sa méchanceté intrinsèque et s'en réjouissant. Dans cet esprit de révolte à l'égard des tabous moraux de la société, le poète maudit chante les vertus du plagiat et s'y adonne allègrement, recopiant en les dénaturant pensées, maximes, citations célèbres, à des fins parodiques et contestataires. Cette suprême irrévérence enchantera Breton, qui qualifie de « fulgurant » ce « message [...] qui [lui] paraît excéder de toutes parts les possibilités humaines[1] ».

---

1. André Breton, *Entretiens (1913-1952)*, Paris, Gallimard, 1952.

## ARTHUR RIMBAUD (1854-1891)

### Repères biographiques

D'origine modeste, Rimbaud était le fils d'un capitaine d'infanterie qui quitta définitivement sa famille en 1860, laissant à sa femme, autoritaire et bigote, le soin d'élever leurs quatre enfants. En 1861, le jeune Arthur entre à l'école et obtient rapidement plusieurs prix d'excellence. Il se révèle particulièrement doué pour le latin. Trois de ses compositions sont d'ailleurs publiées dans *Le Moniteur de l'enseignement secondaire* en 1869, et il remporte le premier prix d'un concours académique. De cette époque datent également ses premiers poèmes en français.

Rimbaud se lie d'amitié avec George Izambard, jeune professeur de lettres qui le prend sous son aile. Il commence à envoyer des vers à des poètes de renom ainsi qu'à des journaux, qui les publient. En révolte contre sa mère, le poète fugue à plusieurs reprises à partir de 1870, découvrant en chemin les horreurs de la guerre franco-prussienne et les méfaits de la société bourgeoise, à laquelle il ne cessera de s'en prendre.

La rencontre de Paul Verlaine, en 1871, est déterminante pour le poète. Verlaine, déjà connu et de 10 ans son aîné, invite le jeune prodige à Paris et l'introduit au monde littéraire. À l'occasion d'un dîner, Rimbaud fait la lecture du *Bateau ivre,* poème qui suscite l'émerveillement et demeure aujourd'hui son plus célèbre. Les deux amis entament alors une relation homosexuelle intense et tourmentée. Cette idylle vécue de façon d'abord clandestine conduit rapidement à une altercation avec Mathilde, la femme de Verlaine, que celui-ci manque d'étrangler. Rimbaud retourne alors chez sa mère afin de permettre à Verlaine de sauver son mariage. Quelques mois plus tard, la relation reprend, de plus en plus orageuse. En 1873, à Bruxelles, Verlaine, ivre et désespéré, blesse son compagnon au poignet d'une balle de pistolet et est condamné à deux ans de prison, malgré l'acte de désistement signé par son jeune amant. À cette époque ont été parachevés *Une saison en enfer,* seul recueil publié du vivant de l'auteur, et les *Illuminations*.

Le reste de l'existence de Rimbaud a peu à voir avec la littérature. Grand voyageur, aventurier et même trafiquant d'armes, Rimbaud s'installe en Afrique, où se déclare finalement une tumeur cancéreuse au genou. Rapatrié à Marseille en 1891, il se fait amputer. Il s'éteint le 10 novembre 1891, à 37 ans. Son décès passe si inaperçu que certains de ses amis continuent de lui écrire après sa mort.

## L'œuvre expliquée

Dense, tourmentée, l'œuvre poétique de Rimbaud est caractérisée par l'utilisation d'une langue mêlant de façon anarchique néologismes (les «mammes» de *L'Étoile a pleuré rose au cœur de tes oreilles...*), argot, termes savants et références littéraires (à Shakespeare et à la mythologie dans *Bottom*) à des provincialismes obscurs et déroutants. Elle s'épurera progressivement, trouvant sa forme la plus simple, mais également la plus abstraite, dans les *Illuminations*. Si le but premier de Rimbaud est de se tailler une petite place parmi les symbolistes, sa démarche est tout autre. Le poète a vite fait de se braquer contre tous les codes courants en poésie, élaborant une œuvre unique dont la liberté formelle témoigne d'une quête existentielle allant elle aussi dans le sens de la liberté absolue. Cette quête pousse Rimbaud à abandonner la poésie, au point d'exiger que l'on brûle certains de ses vers, qu'il juge d'un romantisme insipide. Pourtant, Rimbaud ne sombre jamais dans les turpitudes romantiques. Son œuvre est celle de la rupture, de *toutes* les ruptures, y compris avec la poésie. C'est ce caractère excessif et sans compromis, cette soif d'absolu, ce refus de se laisser séduire par la gloriole littéraire, cette volonté d'aller au bout du langage et de l'existence qui plaisent tant aux surréalistes.

Dans *Alchimie du verbe*, Rimbaud explore le thème symboliste des correspondances, tentant de dévoiler d'invisibles et mystiques corrélations entre les sens. «*A noir, E blanc, I rouge, O bleu, U vert*», écrit-il, hermétique à souhait. Ce seul vers aura suscité au fil des ans les commentaires et les spéculations les plus divers. Des chercheurs en quête de sensations fortes y ont vu la preuve que Rimbaud était un initié, un prophète, un mage, digne héritier des alchimistes du

Moyen Âge ; d'autres ont conclu à la supercherie littéraire. Peu importe ! Ces élucubrations intellectuelles révèlent d'abord le caractère envoûtant et mystérieux de la poétique rimbaldienne.

*L'Étoile a pleuré rose au cœur de tes oreilles...* est un petit poème aux images étranges, proches de celles que Breton ou Péret préconiseront plus tard à travers l'écriture automatique. Les couleurs, comme dans *Alchimie du verbe,* y semblent associées à des sensations ou à des états d'âme précis, bien qu'insondables. Dans *Bottom,* Rimbaud s'amuse avec les éléments du conte merveilleux dans une féerie parodique et iconoclaste qui a déjà la force du rêve et du « délire automatique » recherché par les surréalistes. Dans *Ville,* le Rimbaud anticlérical, en révolte contre la bourgeoisie et la modernité industrielle, attaque de plein fouet la société de son temps et la morale désenchantée et hypocrite de ses contemporains. Ces trois poèmes illustrent à eux seuls à quel point le poète aura influencé les surréalistes, autant par sa démarche artistique que par son attitude face à la vie et à la société.

## GUILLAUME APOLLINAIRE (1880-1918)

### Repères biographiques

Fils naturel d'une mère italienne et russo-polonaise et d'un père inconnu, possiblement issu de l'aristocratie italienne, Apollinaire grandit à Monaco, où il entame de brillantes études. C'est à l'école qu'il découvre les cultures grecque et latine, qui l'influenceront de manière notoire. En 1899, il s'installe à Paris, où il se trouve différents emplois avant d'être engagé comme précepteur en Allemagne. C'est au cours de cet exil d'un an qu'il fait la connaissance d'une jeune gouvernante anglaise, dont il tombe profondément amoureux. Éconduit, Apollinaire écrit *La chanson du Mal-Aimé,* l'un de ses plus beaux poèmes, qui paraîtra pour la première fois en 1909.

De retour à Paris, sa carrière littéraire débute. Il collabore à différentes revues avant de fonder la sienne (*Le Festin d'Ésope* [1903-1904]), dans laquelle il publie *L'Enchanteur pourrissant,* une œuvre poétique en prose. Il se consacre parallèlement à l'écriture de romans libertins et érotiques, œuvres de subsistance qu'il publie dans l'anonymat.

En 1907, il prend la décision de vivre uniquement de sa plume. Familier des milieux artistiques d'avant-garde, Apollinaire se lie d'amitié avec Picasso et rencontre Marie Laurencin, avec laquelle il formera un couple célèbre. Toute son œuvre alterne alors entre poésie et textes sur l'art contemporain, ces derniers prenant la défense du cubisme, du futurisme et de la peinture de Giorgio De Chirico[1].

En 1913, la parution du recueil de poésie *Alcools* fait l'effet d'une bombe dans le milieu littéraire. Apollinaire s'y livre à une véritable révolution formelle (poèmes en vers libres, sans ponctuation) ainsi qu'à l'expression de sa sensibilité angoissée et sentimentale. *Alcools* devient rapidement le manifeste de la poésie moderne.

Survient alors la Première Guerre mondiale. Le poète, qui s'est épris d'une certaine Louise de Coligny-Châtillon, affectueusement surnommée « Lou », s'engage dans l'armée, d'abord comme artilleur, puis dans le régiment d'infanterie. Blessé à la tempe par un éclat d'obus, il est ramené à Paris et opéré. Il publie au cours de sa convalescence *Le Poète assassiné* (1916), qui rassemble contes et nouvelles, et se remet à l'écriture. Apollinaire fait d'abord mettre en scène *Les Mamelles de Tirésias* (1917), pièce dans laquelle apparaît pour la première fois le terme « surréaliste », et publie *Calligrammes* en 1918, recueil de poésie dans lequel il rapporte son expérience de la guerre et son amour pour Lou. Il meurt le 9 novembre 1918, victime de l'épidémie de grippe espagnole qui frappe alors l'Europe.

## L'œuvre expliquée

Apollinaire, contrairement à Lautréamont, n'hésite ni à vanter les mérites du romantisme, en particulier son exaltation de l'existence sous toutes ses formes, ni à embrasser les classiques, dont il admire le bon sens et la rigueur. Cette approche plus conservatrice de la poésie se reflète dans le lyrisme de ses vers, moins abstraits et désincarnés que ceux d'un Mallarmé. Apollinaire ne cherche pas tant à masquer le

---

1. Giorgio De Chirico (1888-1978), peintre italien, créateur de la peinture métaphysique, dont les œuvres jumelant objets hétéroclites et mannequins sans visage auront une influence certaine sur les peintres surréalistes.

sens de son poème qu'à créer une totale adéquation entre la forme et le fond, utilisant pour y parvenir l'aspect visuel du poème autant que le vocabulaire et la syntaxe. La décision de supprimer toute ponctuation d'*Alcools* à la veille de sa publication, par exemple, témoigne d'abord et avant tout du souci de retirer des vers toute forme de « parasite » nuisant à leur beauté plastique. En prenant cette décision, Apollinaire améliore également dans la foulée le souffle de sa poésie. Cette nouvelle manière de faire sera reprise par une grande partie des poètes du XXᵉ siècle, à commencer par les surréalistes.

Dans *Calligrammes,* Apollinaire va plus loin encore. La disposition des vers reproduit carrément l'objet évoqué par le texte (les traînées de pluie de *Écoute s'il pleut écoute s'il pleut…*, l'oiseau et la fontaine de *La colombe poignardée et le jet d'eau,* etc.). L'approche « sculpturale » de la poésie, amorcée par Mallarmé dans *Un coup de dés,* illustre bien l'importance des arts plastiques depuis la fin du XIXᵉ siècle et leur interaction constante avec la littérature.

« Ô bouches l'homme est à la recherche d'un nouveau langage / Auquel le grammairien d'aucune langue n'aura rien à redire », écrit Apollinaire dans *La Victoire* [1]. Ce langage est donc bien celui de l'image, du symbole visuel, langage universel et éminemment moderne qui triomphe autant dans la peinture qu'au cinéma, nouvelle forme d'expression dont le poète aura tôt fait d'anticiper l'omniprésence future.

Le grand mérite d'Apollinaire aura été ainsi d'ouvrir la poésie à la modernité en l'autorisant à s'en imprégner et à en annoncer la marche inéluctable. L'éclectisme du poète, chez qui l'on retrouve autant le respect du classicisme que le goût pour la chanson grivoise, tout comme son sens de la provocation contribueront également au « rajeunissement » de la poésie et auront une influence décisive sur les surréalistes.

---

1. Dans « La Tête étoilée » dans *Calligrammes.*

# Tristan Tzara (1896-1963)

## Repères biographiques

De son vrai nom Samuel Rosenstock, Tristan Tzara est né le 16 avril 1896 en Roumanie, où il fait des études de mathématiques et de philosophie et écrit ses premiers poèmes, d'inspiration symboliste. La Première Guerre mondiale, qu'il juge inutile et barbare, l'amène à rejeter violemment l'ensemble des valeurs de la société bourgeoise et capitaliste et à créer le dadaïsme à Zurich, en 1916, avec la ferme conviction que révoltes artistique et sociale sont irrémédiablement liées. Ses premiers recueils de poésie (*Poèmes nègres* [1916], *Poèmes simultanés* [1917]) traduisent à merveille la violence du choc provoqué par la guerre chez Tzara, qui entend faire table rase du passé et se moque de toutes les institutions, en particulier littéraires.

Son nihilisme rejoint plusieurs poètes et artistes de la jeunesse de l'époque, qui se groupent dès lors autour du « poète au monocle[1] », accessoire que Tzara porte par dérision. C'est ainsi qu'André Breton, Philippe Soupault, Paul Éluard et Benjamin Péret adhèrent au dadaïsme au début des années 1920, à Paris, avant de prendre leurs distances pour fonder le surréalisme.

En 1923, la parution de *Nos oiseaux* annonce un changement d'attitude chez le poète, qui semble vouloir se tourner vers une œuvre plus intériorisée, moins ouvertement revendicatrice et dénonciatrice.

Au cours de la Seconde Guerre mondiale, Tzara participe à la Résistance qui s'organise dans le sud de la France, où il s'installera après l'armistice. Éternel homme de gauche, il s'affilie au parti communiste en 1947 et continue d'écrire jusqu'à sa mort une œuvre plus intimiste où dominent l'éternel étonnement devant le tragique de l'existence et l'angoisse face au destin de l'humanité.

---

1. Monocle : petit verre optique que l'on fait tenir dans une des arcades sourcilières et que l'on associait traditionnellement à la mode bourgeoise.

## L'œuvre expliquée

L'esthétique dadaïste est avant tout celle de la provocation. Impossible d'apprécier la poésie de Tzara sans se rappeler que, pour le poète, expression et action sont étroitement liées et que, comme chez la plupart des artistes d'avant-garde, la démarche paraît aussi importante que le résultat obtenu.

Aussi n'est-il pas étonnant de retrouver dans les premiers poèmes de Tzara une simplification du langage allant jusqu'à son infantilisation (le terme « dada » est lui-même issu du langage enfantin[1]). Cette démarche traduit la volonté très nette de détourner la poésie de son esthétique conventionnelle et de mettre un terme à l'embourgeoisement de la littérature, que l'on pourrait rapidement définir par l'appel de la raison et de la beauté subjective.

*Pour faire un poème dadaïste* constitue à cet effet un véritable art poétique du mouvement. La poésie y est vue moins comme l'expression maîtrisée et érudite d'une sensibilité que comme un outil à la portée de tous, où règnent le jeu et le hasard. Pour faire un poème dadaïste, nous dit Tzara, il suffit en effet de découper les mots d'un article de journal, de les mettre dans un sac, de les tirer un à un et de les coller sur une feuille de papier. De quoi effrayer tous les tenants de l'académisme et du « savoir écrire » ! Le poète termine sa « recette » en écrivant « Le poème vous ressemblera », soulignant la conviction typiquement dadaïste que spontanéité, impulsion et hasard font plus pour révéler le poète à lui-même que la sempiternelle raison. Cette idée, bien sûr, sera reprise par les surréalistes à travers le procédé de l'écriture automatique.

*Dégoût dadaïste* confirme, quant à lui, la nature profondément nihiliste de Tzara, mais aussi son amour de la vie, qui se manifeste par une célébration de l'instant et de la liberté. *Chanson Dada* nous ramène au monde de l'enfance, associé ici moins à la naïveté qu'à la spontanéité libératrice et révélatrice, autant par le fond (images simples et souvent absurdes) que par la forme (la « chanson » de Tzara évoque autant la comptine que la chanson proprement dite).

---

1. Même le pseudonyme choisi par l'auteur est à la limite de l'onomatopée.

# Louis Aragon (1897-1982)

## Repères biographiques

Aragon a vécu son enfance dans une double gêne : celle d'être fils illégitime, élevé comme le frère de sa mère, et celle d'appartenir à une famille déclassée de la bourgeoisie. Son père était notable, mais n'agissait qu'en guise de tuteur ; la mère, bourgeoise désargentée, devait tenir une pension de famille afin de faire vivre la sienne. Cette double humiliation sociale marquera le jeune homme pour la vie.

C'est dans le cadre de ses études en médecine (1917) qu'Aragon se lie d'amitié avec un jeune médecin auxiliaire, André Breton. Les deux se retrouveront après la Première Guerre mondiale et se lanceront, tout comme Philippe Soupault et Benjamin Péret, dans l'aventure surréaliste.

Membre du parti communiste depuis 1927, l'auteur de *Feu de joie* (1919) traverse une grave période de crise, à la fois sentimentale (il rompt avec Nancy Cunard, riche héritière américaine) et politique (il dénonce le caractère bourgeois de l'engagement communiste de Breton). Il est finalement « sauvé » par la rencontre d'Elsa Triolet[1], qui cherchait à faire sa connaissance depuis sa lecture du *Paysan de Paris,* roman qu'Aragon avait publié en 1926.

Ce nouvel amour, qui redonne à la vie de l'ex-poète surréaliste un certain équilibre, correspond au début de la période dite « réaliste socialiste » du romancier, qui s'engage dans l'écriture d'une grande fresque brossant une peinture critique de la société bourgeoise[2].

Désormais écrivain communiste engagé, Aragon devient journaliste et fonde en 1937 le quotidien *Ce soir.* Il épouse Elsa en 1939 et, pendant la Seconde Guerre mondiale, entre dans la Résistance. Les poèmes qu'il écrit au cours de cette période mouvementée chantent son amour pour sa femme (*Les Yeux d'Elsa*, 1942), symbole de la patrie soumise à l'ennemi et du combat pour sa libération.

---

1. Elsa Triolet (1896-1970), romancière française d'origine russe.
2. *Le Monde réel,* qui comprend les romans *Les Cloches de Bâle* (1934), *Les Beaux Quartiers* (1936), *Les Voyageurs de l'impériale* (1942), *Aurélien* (1945) et *Les Communistes* (1945-1951, puis 1966-1967).

Après la guerre, Aragon retourne à *Ce soir* et à son engagement au sein du parti communiste. Il dirige, entre 1953 et 1972, la revue *Les Lettres françaises* et publie son roman le plus célèbre, *Aurélien* (1945), qui raconte l'errance et les amours d'un jeune homme secoué par le conflit de 1914-1918. Les excès du stalinisme amènent toutefois le poète à prendre ses distances avec le communisme, et il se consacre alors entièrement à son œuvre littéraire. Son roman historique, *La Semaine sainte* (1958), relatant un épisode de la Restauration[1], marque le renouvellement de son inspiration.

Après de nombreuses publications et des interventions publiques pour dénoncer le colonialisme français et l'intervention soviétique à Prague (1968), Aragon, poussé par la mort d'Elsa Triolet, s'emploie presque exclusivement à la publication intégrale de leurs œuvres. Il meurt cinq ans plus tard, la veille de Noël, et est enterré aux côtés de sa femme dans leur propriété de Saint-Arnoult-en-Yvelines[2].

## L'œuvre expliquée

Le surréalisme, en particulier l'écriture automatique, ne constituent que des étapes dans l'œuvre poétique d'Aragon, plus lyrique et traditionnelle à partir de la rupture avec Breton et, surtout, de la rencontre d'Elsa Triolet.

Dès le début de l'aventure surréaliste, Aragon semble garder ses distances avec l'esthétique de l'écriture automatique, dont on retrouve finalement bien peu de traces dans son œuvre. Si *Éclairage à perte de vue* et *Pour Demain,* tous deux extraits de *Feu de joie* (1920), semblent défier la raison et s'inscrire dans la « logique » du rêve, ils relèvent avant tout du dadaïsme, leur conception même précédant la naissance du surréalisme. On constate également dans *Pour Demain* un sens assez classique du rythme (le poème est fait d'octosyllabes) qui conduira Aragon vers une recherche formelle différente de celle d'un Péret, par exemple, chez qui le rythme est assujetti aux règles d'improvisation et du « laisser-aller » libérateur de l'écriture automatique.

---

1. La Restauration (1814-1830) : période de l'histoire de la France qui suit immédiatement l'effondrement du Premier Empire et qui voit le retour de la monarchie.
2. Saint-Arnoult-en-Yvelines : petite ville non loin de Paris.

C'est cet amour pour la versification traditionnelle qui fait d'Aragon l'un des grands poètes du xxᵉ siècle et l'amène rapidement à transcender dadaïsme et surréalisme en optant pour une approche combinant les apports classiques (rime, métrique) et modernes (absence de ponctuation). Ainsi, les deux derniers poèmes de la présente anthologie ne doivent plus au mouvement de Breton que son goût pour l'énumération (*Tu m'as trouvé comme un caillou que l'on ramasse sur la plage…*) et les rapprochements sémantiques parfois étonnants (le « soleil des fenêtres » de *L'amour qui n'est pas un mot*).

Ces poèmes, écrits au lendemain de la Seconde Guerre mondiale, témoignent en fait de l'apport de l'esthétique réaliste socialiste du romancier à son œuvre poétique. Cette émergence progressive et continuelle du monde réel dans ses vers ne pouvait que se traduire par un éloignement notable de la poésie dite « moderne », volontiers plus abstraite et dégagée de son sens premier. Dans ces deux poèmes est traité le thème résolument classique de l'amour en tant que phare et sens à la vie, thème au cœur même de toute l'œuvre poétique à venir.

## ANTONIN ARTAUD (1896-1948)

### Repères biographiques

Né dans une famille d'armateurs d'origine grecque, Artaud grandit dans le milieu petit-bourgeois de Marseille et contracte à l'âge de cinq ans une grave maladie cérébrale[1]. Cette maladie, à laquelle il échappera de justesse, semble avoir laissé le futur poète, écrivain, acteur et dramaturge dans un état de fragilité nerveuse extrême. Ses séjours répétés dans des hôpitaux psychiatriques à partir de 1915, sa dépendance à l'opium ainsi que sa conception de la poésie comme expression de sa souffrance en témoignent.

---

1. Sans doute une méningite.

Ayant pris la décision de devenir acteur, Artaud décroche des rôles au Théâtre de l'Atelier [1] et se fait rapidement remarquer par la critique, qui semble l'admirer autant pour son talent que pour sa beauté intense. C'est chez Dullin également qu'il fait la rencontre de Génica Athanassiou, une comédienne d'origine roumaine avec laquelle il entreprend une relation aussi passionnée que le seront ses futures liaisons avec Anaïs Nin ou Marthe Robert [2]. À la même époque, son nom commence à circuler dans le milieu du cinéma. Il publie aussi *Trictrac du ciel,* premier recueil de poèmes.

En 1924, il joint les rangs des surréalistes et devient bientôt directeur de leur Bureau central de recherches surréalistes. Dans le 3ᵉ numéro de *La Révolution surréaliste,* qu'il rédige presque seul, Artaud se révèle l'un des plus virulents acteurs du groupe, déclarant que l'année 1925 symbolise la fin de l'ère chrétienne. Il s'en prend également aux institutions et à la logique (« Lettre aux recteurs des universités européennes ») ainsi qu'à la religion (« Adresse au Pape ») et à la psychiatrie (« Lettre aux médecins-chefs des asiles de fous »). Dans la foulée paraissent chez Gallimard *Le Pèse-Nerfs* et *L'Ombilic des limbes* (1925), deux autres recueils de poésie. Artaud, dont ne cessent de se confirmer la nature violemment tourmentée et le mépris pour tout ce qui ne relève pas de l'absolu, est finalement exclu du mouvement en 1926.

En 1927, il fonde le Théâtre Alfred-Jarry et se consacre désormais de plus en plus à la dramaturgie, qu'il renouvelle de fond en comble en rejetant les mots au profit du geste, du cri, de la danse, de l'éclairage et de décors non conventionnels. Cette esthétique nouvelle, que le poète baptise « Théâtre de la cruauté » et qui est à l'origine d'une grande partie de la dramaturgie expérimentale, trouve son expression théorique dans *Le Théâtre et son double,* publié en 1938.

---

1. Ancien Théâtre Montmartre, dirigé à l'époque par Charles Dullin (1885-1949) et rebaptisé « Théâtre de l'Atelier ».
2. Anaïs Nin (1903-1977), romancière américaine ; Marthe Robert (1914 à aujourd'hui), critique littéraire.

En 1935, Artaud quitte l'Europe pour le Mexique afin de faire l'expérience du peyotl chez les Tarahumaras[1], laquelle aggrave sa toxicomanie et laisse notre voyageur dans un état de détresse psychologique sans précédent. Après un nouveau périple « initiatique », cette fois en Irlande, Artaud est interné contre son gré dans de nombreux hôpitaux psychiatriques où il subit des traitements par électrochocs.

Vieilli avant l'âge, de plus en plus incohérent, il n'en cesse pas moins d'écrire avant de s'éteindre, le 4 mars 1948, des suites d'un cancer.

### L'œuvre expliquée

Difficile d'expliquer l'œuvre d'un auteur ayant renoncé à l'idée d'en écrire une. C'est effectivement ce qu'affirme Artaud en 1925, lors de la publication de *L'Ombilic des limbes* et du *Pèse-Nerfs,* deux recueils sans grande unité formelle. Il n'a pas d'œuvre à proposer, dit-il, seulement le désordre de son esprit. Cette conception de l'écriture, Artaud l'exprimait déjà en 1924 lorsqu'il précisait au directeur littéraire de la NRF[2], qui avait refusé de publier ses textes : « Je suis un homme qui a beaucoup souffert de l'esprit, et à ce titre j'ai le droit de parler. » L'art devient ainsi pour Artaud une catharsis, un outil lui servant à exprimer sa douleur, sa difficulté d'être, son désir de n'avoir jamais été.

Il est plutôt surprenant de retrouver un écrivain aussi tourné vers l'expression de son individualité dans un mouvement collectif comme le surréalisme. Artaud l'a bien compris : exposer sa souffrance sans aucune forme de censure est déjà vu par la société comme une transgression. C'est donc au nom de cette transgression fondamentale, essentielle à sa propre survie, qu'il entend participer à la révolution surréaliste, censée être de *toutes* les transgressions.

Artaud se prête au jeu de l'écriture automatique. Dans *Texte surréaliste* et *Rêve,* l'adoption du poème en prose lui permet de déverser en un flot continuel le désordre de sa pensée. Les titres eux-mêmes semblent trahir un effort conscient pour se rapprocher, non pas tant

---

1. Indiens du nord du Mexique dont la coutume était d'utiliser le peyotl (hallucinogène dont on extrait la mescaline) au cours de séances de chamanisme.
2. Jacques Rivière (1886-1925), directeur de *La Nouvelle Revue française* (NRF).

de l'esthétique surréaliste elle-même que de ses fondements théoriques : rejet des conventions (il ne s'agit pas d'un poème, précise Artaud, mais d'un simple texte) et exploration de l'inconscient à travers le monde du rêve (le texte *Rêve* se veut effectivement le rapport simple et brutal de l'objet onirique).

Les autres textes, cependant, bien qu'ils se rapprochent un tant soit peu de ceux de ses camarades, sont surtout révélateurs des obsessions personnelles du poète. Le thème du mort vivant ou du « mort-né », si cher à Artaud, qui se considérait « déjà suicidé », est on ne peut plus transparent dans *La Momie attachée,* depuis le titre lui-même jusqu'au rappel de la triste condition de l'humanité entière, confrontée à sa mort imminente du seul fait de sa naissance (« et l'éternité te dépasse / car tu ne peux passer le pont »). *Pour Lise* est une ode à l'amour passion, amour qui « possède » les cœurs, presque mystique tant il invite à l'élévation de l'être entier, de sa rage intrinsèque jusqu'à sa raison éclairante. Le recours à la rime éloigne encore ici Artaud de l'éclatement formel typiquement surréaliste.

Même dans *L'Activité du bureau de recherches des surréalistes,* qui se veut une prise de parole au nom du mouvement, Artaud finit par exprimer surtout sa propre démarche qui, quoiqu'elle puisse se situer à l'intérieur des limites du surréalisme, n'en demeure pas moins personnelle. Cette démarche, qui consiste en l'expression d'une lutte sans fin avec les limites de son esprit, ressort peu à peu dans le texte jusqu'à en occuper la majeure partie : « Le premier point est de se bien placer en esprit. [...] Il n'a pas de sentiments qui fassent partie de lui-même, il ne se reconnaît aucune pensée. [...] Il désespère de s'atteindre l'esprit. » Le passage d'Artaud au sein du mouvement surréaliste aura donc représenté moins une étape dans l'évolution du courant surréaliste que dans le parcours initiatique du poète lui-même, en proie à ses éternels démons.

## André Breton (1896-1966)

### Repères biographiques

Les parents d'André Breton appartenaient à la petite bourgeoisie catholique et prédestinaient leur fils à une carrière d'ingénieur ou d'officier de marine. Toutefois, c'est vers la médecine qu'il se tourne, malgré son amour de la poésie et le sentiment révolutionnaire qu'il s'est découvert à une manifestation en l'honneur de la révolution d'octobre 1917.

Émule de Paul Valéry, Breton se passionne également pour Rimbaud et Lautréamont. En 1915, il entame une correspondance avec Apollinaire et participe à la guerre en tant qu'interne en médecine à l'hôpital de Nantes. Il y fait la connaissance de Jacques Vaché (1895-1919), jeune militaire en convalescence, disciple d'Alfred Jarry [1]. L'amitié qui naît immédiatement entre les deux hommes jouera un grand rôle dans le cheminement intellectuel et artistique du futur chef de file du mouvement surréaliste.

Si Vaché, par son enthousiasme contagieux, a détourné définitivement son ami de la médecine, ce sont les premières traductions de l'œuvre de Sigmund Freud qui donneront à Breton l'idée d'y revenir à sa manière. Ainsi, en 1916, le poète tente en vain de convaincre Apollinaire et Valéry du bien-fondé d'une approche psychanalytique dans la recherche poétique.

De retour à Paris en 1917, il noue des liens avec un autre étudiant en médecine, Louis Aragon, ainsi qu'avec Philippe Soupault, qui s'intéressent tous deux à ses idées. Peu de temps après le suicide de Jacques Vaché, les trois amis fondent la revue *Littérature* et participent au dadaïsme de Tzara.

En 1921, un an après la publication des *Champs magnétiques*, recueil de poésie écrit en collaboration avec Soupault et qui contient rétrospectivement les premiers textes « automatiques », Breton prend ses distances avec Dada. Il a également rencontré Freud à Vienne,

---

1. Alfred Jarry (1873-1907), écrivain et dramaturge, auteur d'*Ubu Roi* (1896) et précurseur du théâtre d'avant-garde.

mais celui-ci ne s'est guère montré intéressé aux théories sur lesquelles reposeront trois ans plus tard les fondements du *Premier manifeste du surréalisme* (1924).

Le scandale provoqué par *Un cadavre* (1924), que Breton publie dans *La Révolution surréaliste* et qui constitue une sorte d'oraison funèbre du regretté Anatole France [1], lui fait perdre son emploi de bibliothécaire conseiller auprès d'un riche mécène. De provocation en provocation, les surréalistes se font ainsi rapidement connaître, et leur chef poursuit son œuvre, qui se partage alors entre textes théoriques (*Le Surréalisme et la peinture* [1928]) et textes poétiques (*Nadja* [1928]).

L'année 1927 marque l'adhésion des surréalistes au parti communiste. Breton entend alors renouveler les bases de son mouvement en obligeant ses membres à concilier l'art et l'engagement politique, le freudisme et le marxisme. Le *Second manifeste du surréalisme,* qui dévoile cette nouvelle orientation, paraît en 1929. Breton a tôt fait alors de reprocher à certains de ses camarades leur apparente tiédeur et n'hésite pas à les exclure du groupe, même s'il s'agit de collaborateurs et amis du début comme Soupault et Desnos.

En 1941, le poète fuit la guerre et découvre l'Amérique. Après New York, il fait un détour au Canada et, subjugué par le paysage gaspésien, écrit *Arcane 17* (publié en 1947), dans lequel il vante la beauté du rocher Percé.

Sitôt après la Libération, il retourne en France. Ses poèmes *Pleine marge* (1943) et *Ode à Charles Fourier* (1947) ne suffisent pas à relancer son mouvement auprès de la génération existentialiste, mais qu'importe ! Breton *est* le surréalisme. Il enchaîne au cours des deux décennies suivantes articles et conférences et prend position contre le régime gaulliste [2] ainsi que contre la guerre d'indépendance d'Algérie (1954-1962). En 1966, un an après la IXe Exposition internationale du surréalisme, il meurt d'une crise cardiaque, emportant avec lui les derniers élans de vigueur du mouvement qui l'avait rendu célèbre.

---

1. Anatole France (1844-1924), écrivain « de droite » considéré à son époque comme l'un des plus importants du début du xxe siècle.
2. Régime gaulliste (ou gaullisme) : courant politique de droite centré sur la figure du général de Gaulle (1890-1970), qui joua un rôle prépondérant dans la libération de la France lors de la Seconde Guerre mondiale.

## L'œuvre expliquée

Les influences de Breton s'avèrent nombreuses et diverses, à l'image des contradictions que renferme son œuvre. De façon générale, il s'enthousiasme pour les poètes qui chantent la liberté sous toutes ses formes et dont l'écriture, éminemment originale, conserve encore son caractère subversif. On n'a qu'à lire le second extrait du *Premier manifeste du surréalisme* pour s'en rendre compte : les Ducasse (Lautréamont), Sade, Baudelaire, Rimbaud, Jarry figurent tous sur la liste des poètes préfigurant le surréalisme. Ils y côtoient des figures littéraires plus officielles, mais dont une partie de l'œuvre au moins, ou certains aspects de cette œuvre, ont échappé à la récupération institutionnelle et peuvent donc être réclamés (ou récupérés !) par les tenants du mouvement.

Mais qu'est-ce que le surréalisme ? Un courant littéraire ? Dans *Déclaration du 27 janvier 1925*, Breton affirme qu'il n'a rien à voir avec la littérature, mais qu'il peut très bien utiliser celle-ci pour parvenir à ses fins, soit « la libération totale de l'esprit *et de tout ce qui lui ressemble* ». S'il dépasse la littérature, devenue outil entre ses mains, s'agit-il alors d'un mode de vie, d'une religion ? Non, affirme encore Breton, puisque aucun de ses membres n'entend « rien changer aux mœurs des hommes ». Qu'en est-il alors ? Le surréalisme est « un cri de l'esprit qui retourne vers lui-même et est bien décidé à broyer désespérément ses entraves, et au besoin par des marteaux matériels ». Tout Breton est dans cette phrase. D'abord, on y retrouve à la fois le poète et l'intellectuel. L'expression « cri de l'esprit », si on l'oppose à sa forme plus commune (cri du cœur), laisse en effet entrevoir la double nature de l'écrivain, partagé entre les élans libérateurs et la réflexion cérébrale menant à un dogmatisme intransigeant. C'est le poète amoureux de la vie, de la femme et de la nature qui parle dans *Monde, Tournesol, L'Union libre, Sur la route de San Romano* ou *Arcane 17*. Breton, capable ailleurs d'une certaine froideur, y apparaît à sa manière comme le poète lyrique, humaniste, à mille lieues du théoricien à la formation scientifique qui s'est vu attribuer le surnom peu flatteur de « Pape du surréalisme ». Ce même théoricien qui, par phobie de la récupération, semble déjà procéder à la sienne lorsqu'il analyse son œuvre et en tire des présupposés parfois réducteurs, peut-être afin de damer le pion à l'institution toute puissante en la devançant.

On retrouve également dans cette définition du surréalisme l'élan révolutionnaire dans sa forme hybride : révolution intellectuelle et psychique d'abord, puisque ce « cri de l'esprit », nous dit Breton, « est bien décidé à broyer désespérément ses entraves », et révolution au sens plus politique et social du terme, car Breton conclut en mentionnant la possibilité d'avoir recours à l'action (sous-entendue dans l'expression « marteaux matériels »). Cette alternative, la plus contestée et possiblement la plus contestable, révèle l'homme de gauche, le militant qui sommeille en l'écrivain et qui incitera Breton à engager son mouvement tout entier dans l'aventure communiste, quitte à sacrifier au passage un grand nombre de ses collaborateurs. Cette décision sans appel, en plus d'évoquer l'éternel tiraillement intérieur de tout écrivain, partagé entre la plume et le sabre, la pensée et la vie, montre bien à quel point Breton est entiché de cette liberté qui le conduit à l'individualisme total, en dépit de sa position de chef de file d'un courant qu'il a lui-même créé.

Cette marche en avant vers une réappropriation de sa propre « école » semble indéniable, ne serait-ce que par la diminution progressive des créations collectives au sein du mouvement. Si *Les Champs magnétiques* (écrits avec Soupault), et le *Premier manifeste du surréalisme* témoignent d'un effort de « démocratisation » de la création littéraire et du rejet de la conception classique de l'écrivain comme figure solitaire, c'est qu'ils appartiennent aux premières années du mouvement. À partir de *L'Immaculée Conception* (écrit avec Éluard en 1930), en raison des nombreuses tensions au sein du groupe, Breton a tôt fait de reprendre le flambeau à lui seul et de s'engager dans une voie plus personnelle.

Malgré tout, Breton aura su se réinventer sans cesse et donc réinventer le surréalisme lorsqu'il paraît déboucher sur une impasse. Ainsi, l'écriture automatique définie dans le *Premier manifeste* comme un « automatisme psychique pur par lequel on se propose d'exprimer, soit verbalement, soit par écrit, soit de toute autre manière, le fonctionnement réel de la pensée » est rapidement remplacée par une philosophie de « reconstruction de la vie » capable d'aboutir à un nouveau lyrisme, elle-même transformée par l'engagement politique et le militantisme. Breton qui, comme on l'a dit, a un talent certain pour se faire prisonnier de théories réductrices (par leur nature même), semble en fait prendre un malin plaisir à ce jeu du chat et de la souris, comme si la dogmatisation lui était nécessaire afin d'éprouver plus intensément ce besoin de liberté qui, en définitive, donne à son œuvre toute son âme.

## Robert Desnos (1900-1945)

### Repères biographiques

Autodidacte libertaire et anarchiste, Desnos fait son éducation à l'école de la rue à partir de sa seizième année, tout juste après avoir obtenu son brevet élémentaire. Ayant refusé de suivre son père dans le commerce de la volaille et du gibier, il devient secrétaire de Jean de Bonnefon, écrivain catholique dont la bibliothèque bien garnie lui permet d'assurer son éducation littéraire. C'est à cette époque (vers la fin de la Première Guerre mondiale) que remontent ses premiers poèmes.

D'amitiés en amitiés, il finit par rencontrer Benjamin Péret, qui le présentera plus tard aux surréalistes. Au sein du mouvement d'André Breton, il devient un candidat de choix aux séances de sommeils hypnotiques[1], si bien que Breton n'hésite pas à qualifier de « prophète » du surréalisme ce nouveau compagnon dont le goût pour la mythologie classique et la bande dessinée vont dans le sens de la modernité.

En 1923, il publie une anthologie de l'érotisme littéraire dans laquelle Sade occupe une place enviable. À partir de 1924, on le retrouve animateur du Bureau central de recherches surréalistes, où il collabore avec Artaud à *La Révolution surréaliste*. Il publie dans divers journaux des chroniques de cinéma et écrit quelques scénarios afin de satisfaire sa passion pour le septième art. Après la publication des recueils *Deuil pour deuil* (1924), *C'est les bottes de 7 lieues cette phrase : « Je me vois »* (1926) et du récit *La liberté ou l'Amour !* (1927), l'heure de la rupture avec Breton a sonné.

---

1. Ces séances consistaient à tenter d'hypnotiser l'un ou l'autre des membres du groupe et de le faire écrire dans cet état où la raison, croyait-on, n'avait plus cours.

Trop épris de liberté et refusant l'engagement politique, Desnos ne peut suivre le chef du surréalisme dans l'aventure communiste. Exclu du groupe en 1930, il participe alors au collectif *Un cadavre,* dirigé contre Breton, et qui reprend ironiquement le titre donné par celui-ci à la scandaleuse oraison funèbre d'Anatole France [1]. La même année, la publication de *Corps et biens,* qui regroupe l'ensemble de sa production poétique, semble mettre un terme à une période importante dans la vie de Desnos.

Au cours des années 1930, ses activités se diversifient. Sans abandonner pour autant la poésie, il se tourne vers la radio, pour laquelle il réalise de nombreuses émissions. Il continue à écrire des scénarios pour le cinéma, des textes de chansons de variétés et, crise économique oblige, devient même gérant d'immeubles. Ces années sont aussi marquées par son opposition publique à toutes les formes de dictature et d'oppression, du fascisme au communisme.

Au cours de la Seconde Guerre mondiale, il multiplie courageusement les invectives contre le gouvernement de Vichy et publie en 1943 son seul roman, *Le Vin est tiré…,* dans lequel il s'attaque à la toxicomanie. De cette époque date également le recueil *État de veille,* qui regroupe une vingtaine de textes écrits entre 1936 et 1942.

La distribution clandestine de poèmes engagés vantant les mérites de la Résistance conduit à son arrestation en février 1944. Déporté d'un camp de concentration à l'autre, il finit par échouer à Terezìn, en Tchécoslovaquie, où il meurt du typhus la veille de la libération de ce camp par les alliés.

## L'œuvre expliquée

Ce qui distingue d'abord Desnos des autres surréalistes est sa formation, ou son absence de formation (académique, du moins). Breton et Aragon approchent la poésie en bourgeois « bien éduqués », et ce, malgré leur critique corrosive de la société bien-pensante. Desnos l'aborde en anarchiste de la rue, mêlant les niveaux de langue, optant aussi bien pour la noble métaphore que pour la contrepèterie [2], jouant

---

1. Voir p. 181.
2. Contrepèterie : inversion des lettres ou des syllabes d'un mot dans le but d'en créer d'autres dont le sens est généralement loufoque ou scabreux.

avec les mots sans grand respect pour la « belle langue ». Il en résulte une poésie étonnamment riche et vivante, parfois obscure, parfois plus classique et limpide, mais toujours surprenante.

Ses poèmes de l'époque surréaliste révèlent avant tout son goût pour le calembour. Ainsi, dans *Notre paire quiète, ô yeux !...*, Desnos écorche sans gêne la prière du bourgeois catholique pratiquant. Dans *Rrose Sélavy etc.*, il s'empare du pseudonyme de Marcel Duchamp pour en dévoiler la richesse homophonique. *P'Oasis* et *L'Asile ami* s'inscrivent dans le même registre et annoncent les expérimentations pataphysiques de Queneau et de Vian [1]. Seul *Comme* rappelle de façon plus évidente les poèmes « automatiques » de Breton, où l'énumération et les images absurdes triomphent, bien qu'ici encore Desnos contraste par son sens de l'humour et sa propension à utiliser les mots moins pour leur beauté intrinsèque que pour leur sonorité et leurs qualités rythmiques.

C'est ainsi que *Le Bonbon* (encore dadaïste dans sa simplicité enfantine) et l'*Élégant cantique de Salomé Salomon* sont avant tout des expériences ludiques où le mot devient instrument de percussion, approche rappelant la fascination qu'exerce l'art primitif sur l'ensemble des artistes d'avant-garde.

De cette époque datent aussi les « poèmes » écrits sous hypnose. Il est difficile de dire avec certitude pourquoi Desnos était le meilleur candidat pour cet exercice. On sait que, très jeune, le poète avait pris l'habitude de noter ses rêves. Le « compte rendu » de l'un d'entre eux, intitulé simplement *Durant l'hiver 1918-1919*, est un exemple parmi tant d'autres. Peut-être cette habitude avait-elle développé chez lui une mémoire accrue pour le travail onirique de l'esprit ? Quoi qu'il en soit, les surréalistes ne se privèrent pas d'exploiter cette faculté bien particulière. La transcription de leurs séances, dans une forme proche du procès verbal ou de l'enquête scientifique, révèle un Desnos plus « délirant » que jamais.

---

1. La pataphysique ou science des solutions imaginaires prend son point de départ dans l'œuvre d'Alfred Jarry. Le collège de pataphysique, fondé en 1948, abordait la littérature comme un jeu de l'esprit. Ses plus célèbres membres sont Raymond Queneau (1903-1976), auteur de *Zazie dans le métro* (1959), et Boris Vian (1920-1959), qui a écrit notamment *L'Écume des jours* (1947).

Enfin, *J'ai tant rêvé de toi* nous montre le poète sous un autre jour. De ces vers, nettement plus classiques, émane un lyrisme absent des *Rrose Sélavy* et autres *Notre paire*. Ici, la simplicité du vocabulaire assure la charge émotive du texte et laisse croire à la sincérité de l'auteur. Les images, n'étant plus tributaires de l'écriture automatique, surprennent par leur limpidité. Le poème annonce en fait le Desnos des années 1930 et 1940, celui qui délaisse l'expérimentation formelle pour l'expression lyrique d'une sensibilité proche de celle d'un Villon et d'un Nerval, deux poètes à qui il vouait une admiration certaine.

## Paul Éluard (1895-1952)

### Repères biographiques

Paul Grindel, dit Éluard, appartient à une famille de la petite bourgeoisie et naît à Saint-Denis, dans la banlieue parisienne. Sa mère est couturière catholique ; son père, comptable athée et socialiste. Très vite, le jeune garçon doit interrompre ses études (1912) en raison d'une tuberculose qui l'obligera toute sa vie à prendre du repos en montagne.

En 1914, il est mobilisé malgré son état de santé fragile et devient infirmier militaire. Son expérience de la guerre auprès des blessés renforce sa nature pacifiste, à laquelle il restera toujours fidèle (*Poèmes pour la paix*, 1918).

C'est en autodidacte qu'il s'intéresse à la littérature. Il se lance très jeune dans l'écriture de premiers poèmes, qu'il publie à compte d'auteur dès 1913, sous son véritable nom. En 1917, il épouse une jeune Russe éprise de culture, Helena Ivanovna Diakonova, qu'il surnomme Gala et avec qui il aura une fille. Cette relation tourmentée, qui se conclut définitivement en 1930 lorsque Gala le quitte pour vivre sa passion avec Salvador Dalí, aura un impact considérable sur la vie et l'œuvre d'Éluard (*Capitale de la douleur*, 1926).

Présenté par Jean Paulhan[1] à Benjamin Péret, puis à Breton, Soupault et Aragon, le jeune poète ne tarde pas à joindre les rangs des

---

1. Jean Paulhan (1884-1968), écrivain, critique et éditeur français.

dadaïstes et à suivre les dissidents au mouvement de Tzara dans l'aventure surréaliste. Il collabore à l'écriture de *152 proverbes mis au goût du jour* (1925) avec Benjamin Péret, puis à *Ralentir travaux* (1930) avec René Char et André Breton, et finalement à *L'Immaculée Conception,* toujours avec Breton.

En 1930, il rencontre Maria Benz (dite Nusch [1]), qui devient sa nouvelle muse et qu'il épouse en 1934. Éluard, comme la plupart de ses compagnons, est également marqué dans les années 1930 par les nombreuses dissensions provoquées par l'adhésion du groupe au parti communiste. Il se brouille avec Aragon en 1932, après que ce dernier a critiqué les activités des surréalistes à un congrès du parti et demandé l'exclusion de Salvador Dalí. Il rompt également avec André Breton en 1938, peu de temps après avoir collaboré avec lui au *Dictionnaire abrégé du surréalisme.*

Pendant la Seconde Guerre mondiale, Éluard s'engage dans la Résistance et publie clandestinement plusieurs ouvrages critiquant le gouvernement de Vichy et dénonçant l'horreur de la guerre (*Poésie et vérité* [1942], *Les Sept Poèmes d'amour en guerre* [1943] et *Au rendez-vous allemand* [1944]).

Après la libération, Éluard renoue avec le communisme et poursuit une œuvre engagée qui combine ses aspirations révolutionnaires et humanistes. La mort de Maria, en 1946, le plonge dans un désespoir que viendra tempérer la rencontre de Dominique Lemor à Mexico, en 1949. Celle-ci devient alors sa troisième femme (1951). Le recueil *Le Phénix* (1951), qu'il lui dédie, témoigne d'un bonheur et d'une paix enfin retrouvés. Un an plus tard, après un voyage à Moscou, le poète est victime d'une crise cardiaque, tout juste après avoir publié un ouvrage contenant la transcription d'entretiens radiophoniques accordés en 1949, *Les Sentiers et les routes de la poésie.*

### L'œuvre expliquée

Paul Éluard a publié entre 1916 et 1953 plus de 110 recueils de poésie. Bien qu'un certain nombre d'entre eux consistent en des remaniements de recueils déjà publiés, on ne peut que rester bouche

---

1. Nusch servait alors de modèle à Man Ray et à Pablo Picasso, et elle était reconnue comme étant une admiratrice du mouvement surréaliste.

bée devant une telle inspiration. C'est qu'Éluard est convaincu de l'importance de la poésie et de son rôle dans l'élargissement des frontières de l'imaginaire et de la conscience. En outre, il fait partie de ceux qui n'ont jamais douté de l'utilité de l'écriture automatique, à laquelle il s'adonne avec bonheur au cours des années 1920. Dans *La terre est bleue comme une orange,* l'un de ses poèmes les plus célèbres, il s'impose comme un maître de la technique « automatique » en alliant la puissance des images à l'élégance du langage. Dans *Réveil officiel du serin* et *Le nettoyage des carreaux n'entraîne pas forcément la propreté en amour,* les forces de la poésie et de l'art pictural sont jointes pour ouvrir les portes de l'inconscient, comme ce sera le cas dans un grand nombre d'éditions originales des recueils du poète. Cet amour de la poésie en tant que sœur du rêve et outil de libération du monde et bourgeois, Éluard l'exprimera également dans *Le Miroir d'un moment* et *Pour vivre ici*, poème dans lequel il adopte la forme asiatique du haïku, dont la beauté résulte d'un effort de simplicité et d'une confiance en la richesse des mots.

Mais c'est en tant que poète de l'amour qu'on se rappellera surtout d'Éluard. *Ta bouche aux lèvres d'or n'est pas en moi pour rire...,* *L'Amoureuse* et *Je te l'ai dit pour les nuages...* sont autant de poèmes où triomphe moins la sensualité que la profondeur de l'amour, dont le pouvoir n'est pas, pour le poète, très différent de celui de la poésie. C'est dans la combinaison de ces deux forces similaires que l'œuvre d'Éluard prend toute la sienne.

Ici, un peu comme dans la poésie plus lyrique du Desnos des années 1930 et 1940, tout le défi consiste à éviter de « poétiser » les vers, réflexe que l'auteur de *Capitale de la solitude* (1926) a souvent dénoncé et auquel il se garde bien d'obéir. Le vocabulaire ne doit pas être celui de la poésie traditionnelle, mais celui de la vie. En d'autres termes, et ce sera là la plus grande contribution d'Éluard à la poésie moderne, le poète ne doit plus se limiter à un nombre restreint de mots, arbitrairement considérés comme poétiques au regard d'une certaine tradition littéraire, mais ouvrir la poésie à *tous* les mots, quels qu'ils soient. Éluard suit à cet égard certains de ses prédécesseurs, tels Baudelaire, Lautréamont ou Rimbaud, qui avaient cherché avant lui à étendre les frontières du langage poétique.

Finalement, le poète engagé et pacifiste, que l'on découvrira surtout à partir des années 1930, émerge déjà dans des œuvres de jeunesse comme *Notre mort* ou *Poèmes pour la paix,* qui expriment le dégoût devant l'absurdité de la guerre à travers des images saisissantes (« [...] la mitrailleuse, comme une personne qui bégaie, / et ce rat que tu assommes d'un coup de fusil ! »).

## BENJAMIN PÉRET (1899-1959)

### Repères biographiques

Le plus révolutionnaire des surréalistes français naît un 4 juillet à Rezé[1] et se révèle rapidement turbulent et rebelle à l'autorité. C'est ainsi qu'au cours de son adolescence il vandalise une statue de sa ville et est finalement contraint par sa mère à s'engager dans l'armée. Il connaît alors l'horreur des tranchées, qui ne fait que renforcer sa révolte envers le monde bourgeois.

Il se lie d'une solide amitié avec André Breton à la fin de la Première Guerre mondiale et prend part à la naissance du mouvement surréaliste, auquel il restera fidèle toute sa vie. Après avoir assuré en 1924 la direction de la revue *Littérature* et contribué à la réorientation politique du mouvement en 1927, son goût pour l'aventure et la défense de la liberté le pousse à quitter l'Europe et à sillonner les routes de la planète. Il se mêle alors à toutes les révolutions qu'il rencontre, au Brésil (1931) comme en Espagne (1936), et sa plume se fait de plus en plus virulente et radicale, ainsi qu'en témoigne l'un de ses titres les plus connus : *Je ne mange pas de ce pain-là* (1936).

Péret rentre en France en 1948, après avoir refusé de combattre pendant la Seconde Guerre mondiale et traversé l'Amérique centrale. Il tente alors, auprès de Breton, de raviver l'intérêt du public et de la critique pour le surréalisme, mais un pamphlet contre la poésie militante publié en 1945 (*Le Déshonneur des poètes*) ne lui attire guère de sympathie en cette époque où domine le mouvement existentialiste, favorable à toute forme d'engagement.

---

1. Rezé : ville de France située près de la Loire.

Assumant un emploi de correcteur de presse qui lui demande une grande partie de son énergie, il voit sa santé décliner au cours des années qui suivent et il s'éteint finalement le 28 septembre 1959. Sur sa tombe figure l'épigraphe : « Je ne mange pas de ce pain-là », dernier pied de nez du poète à l'institution religieuse, qu'il n'avait jamais cessé de dénigrer de son vivant.

## L'œuvre expliquée

L'irrévérence de Péret prend souvent le chemin de la dérision et de l'humour noir. Le plus « cocasse » des surréalistes est donc également le plus contestataire, et son amour sans limites pour l'écriture automatique relève d'une volonté de choquer le bourgeois dans sa logique à toute épreuve et son « bon sens » légendaire.

Entre les mains de Péret, la méthode préconisée par Breton pour explorer l'inconscient est donc une arme, un instrument de subversion que le poète manipule avec un talent naturel et grâce auquel il ne rate jamais sa cible, qu'il s'agisse de l'armée, de la religion ou de la bourgeoisie. On a d'ailleurs dit de Péret qu'il était le plus doué des surréalistes, n'ayant jamais besoin de recourir à la drogue ou à l'hypnose pour écrire des vers dont la force « hallucinatoire » dépasse pourtant largement celle des plus étranges créations de Desnos ou de Breton.

Ainsi, dans « Plein les bottes », tiré du recueil *Le Grand Jeu* (1928), nulle tentative de donner un sens au produit de l'écriture automatique. Le respect de son précepte fondateur (écriture en l'absence de tout contrôle de la raison) y est total. L'éclatement formel de *26 points à préciser* témoigne, quant à lui, de la propension innée de Péret à la provocation, sous toutes ses formes. En intégrant la formule mathématique au langage poétique, le poète scandalise en effet tout autant l'intellectuel bourgeois, pour qui la poésie surclasse le monde réducteur de la science, et les scientifiques, qui voient le langage mathématique relégué au rang d'objet plastique, aussi vain et absurde que les mots constituant le reste du poème.

## Philippe Soupault (1897-1990)

### Repères biographiques

Soupault appartient de par ses origines à la grande bourgeoisie, mais il se révolte très tôt contre les valeurs familiales et publie en 1917, grâce au concours d'Apollinaire, un premier recueil de poèmes (*Aquarium*). La rencontre d'André Breton et de Louis Aragon lui permet de participer à la création du surréalisme, dont il sera plus ou moins forcé de prendre ses distances en 1926. Cette brève contribution au mouvement n'en demeure pas moins capitale, ne serait-ce qu'en raison des deux œuvres « fondatrices » coécrites avec son chef de file : *Les Champs magnétiques* (1920) et le *Premier manifeste du surréalisme* (1924).

Après avoir été exclu du groupe par Breton (en même temps qu'Antonin Artaud) pour s'être montré réticent à l'engagement communiste et pour avoir manifesté un trop grand désir d'indépendance, Soupault devient journaliste pour la *Revue européenne,* dont il assume également la direction. Au cours des années 1930, il se lance parallèlement dans l'écriture de nombreux romans ainsi que d'essais consacrés aux poètes qu'il admire (Apollinaire, Lautréamont, Baudelaire).

Grand voyageur, Soupault s'établit en Tunisie à partir de 1938 et se sert de Radio-Tunis, qu'il a lui-même fondée, pour multiplier les invectives contre le fascisme. Pendant la Seconde Guerre mondiale, il est fait prisonnier, mais parvient à s'échapper et à gagner clandestinement les États-Unis, puis l'Amérique du Sud. Il reprend alors son œuvre poétique et met sa plume au service de la dénonciation de la guerre (*Le Temps des assassins* [1945]).

Au lendemain de la Libération, on le retrouve chargé de mission pour l'Unesco, travail qui l'amène une fois de plus à parcourir le monde, mais qui ne l'empêche pas de poursuivre l'écriture d'une œuvre éclectique et originale, redécouverte à peine quelques années avant sa mort (1990).

### L'œuvre expliquée

Soupault partage avec Éluard le goût d'une langue simple mais riche, tout comme il semble éprouver avec Desnos une vive fascination pour le rythme. *Georgia* (1936) apparaît en effet comme une sorte d'incantation amoureuse dont les images, créées à l'aide d'un vocabulaire réduit à l'essentiel, servent de contrepoint à la répétition du prénom de la femme aimée. Le poème, bien qu'écrit plus de 10 ans après l'expérience surréaliste, relève encore en partie de l'écriture automatique (énumération, images étranges, aspect «primitif» de l'ensemble), mais suggère également la forte influence d'Apollinaire (absence de ponctuation, sentimentalité).

Dans *Say it with music,* dont le titre souligne la démarche «musicale» de Soupault, le poète livre au lecteur son besoin urgent de vivre intensément, besoin accentué par l'écriture de vers de plus en plus brefs, le dernier n'étant plus constitué que d'un seul mot, trois fois répété: «paradis paradis paradis». En plus de l'influence de l'écriture automatique, présente partout ailleurs dans le poème, on retrouve dans cette triple répétition un clin d'œil certain à Mallarmé et à son célèbre vers: «Je suis hanté. L'Azur! l'Azur! l'Azur! l'Azur![1] »

---

1. Du poème *L'Azur* (1864).

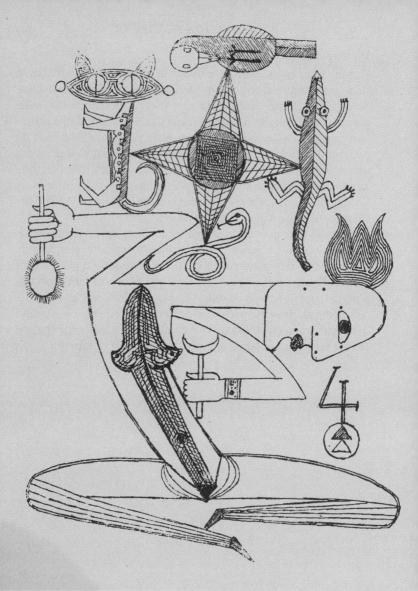

PHILIPPE SOUPAULT
PORTRAIT DE VICTOR BRAUNER POUR *JOURNAL D'UN FANTÔME*, 1946.

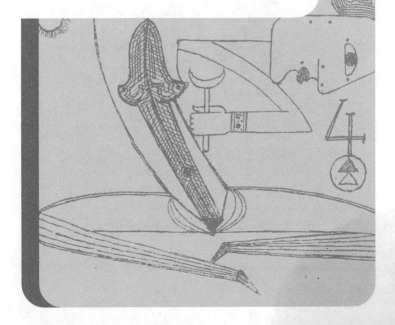

# PLONGÉE
## DANS L'ŒUVRE

Rimbaud et dans l'ombre, Verlaine.
Dessin de F.-A. Cazals.

Musée des Beaux-Arts, Rouen.

## QUESTIONS SUR LES PRÉCURSEURS
### MALLARMÉ

*SES PURS ONGLES TRÈS HAUT DÉDIANT LEUR ONYX...* (P. 11)

*Compréhension*

1. Quelle image montre que les rêves sont non seulement « brûlés », mais disparus à tout jamais ?
2. Pourquoi le ptyx est-il le seul objet honoré par le Néant ?
3. Pourquoi le feu est-il une arme efficace contre la nixe ?
4. Faites ressortir (dans vos propres mots) les images qui contribuent au caractère tourmenté de ce poème.

*Écriture*

1. Quel type de vers est employé dans ce poème ?
2. En quoi ce type de vers contraste-t-il avec l'apparente modernité du poème ?

*UN COUP DE DÉS* (P. 12)

*Compréhension*

1. Faites le relevé des termes se rapportant de près ou de loin au jeu de dés.
2. En quoi ce poème annonce-t-il :
   a) la poésie d'Apollinaire ?
   b) l'écriture automatique ?
3. Pourquoi, selon vous, Mallarmé a-t-il conçu cette mise en pages hors du commun ?

### LAUTRÉAMONT

*LES CHANTS DE MALDOROR — CHANT PREMIER (EXTRAIT)* (P. 15)

*Compréhension*

1. Pourquoi les chiens sont-ils si en colère ? Justifiez votre réponse.

2. Comment l'image d'un océan sphérique contribue-t-elle à donner l'impression d'une grandeur incommensurable ?

3. Si les yeux sont effectivement le miroir de l'âme, que dit, à propos de cette âme, la comparaison entre l'océan et l'œil de l'homme ?

4. Citez le premier passage permettant de constater que Maldoror, qui n'a pas une très haute opinion de lui-même, n'est pas tellement plus tendre à l'endroit des humains en général.

5. Que veut dire Lautréamont par : « La grande famille universelle des humains est une utopie digne de la logique la plus médiocre » ?

6. Si vous étiez, comme André Breton, fasciné par les mystères de l'inconscient, en quoi les propos tenus dans ce poème vous séduiraient-ils ?

*Écriture*

1. Trouvez un passage qui reflète bien le goût de Lautréamont pour le discours à caractère scientifique.

## RIMBAUD

*Alchimie du verbe* (p. 25)

*Compréhension*

1. Expliquez dans vos propres mots le titre du poème.

2. Qu'oppose Rimbaud à la peinture et à la poésie moderne ?

3. En quoi l'invention des couleurs des voyelles est-elle une entreprise typique du symbolisme ?

4. Faites le relevé des images ou des passages qui montrent clairement que le poète cherche à dépasser par son art la réalité matérielle.

5. Pourquoi, d'après vous, le poète finit-il par trouver sacré le désordre de son esprit ?

*Écriture*

1. Quel procédé littéraire employé ici traduit bien le désordre de l'esprit du poète ?

2. Faites le relevé des termes ou expressions employés par le poète qui annoncent les préoccupations des dadaïstes et des surréalistes.

*L'ÉTOILE A PLEURÉ ROSE AU CŒUR DE TES OREILLES...* (P. 27)

*Compréhension*

1. Quelle opposition Rimbaud crée-t-il entre les trois premiers vers et le dernier? Qu'exprime-t-elle?

*Écriture*

1. De quel type de strophe s'agit-il? Comment appelle-t-on cet agencement de rimes?

*BOTTOM* (P. 28)

*Compréhension*

1. Pourquoi peut-on dire, ici encore, que l'homme semble être dans une position d'infériorité par rapport à la femme?
2. Pourquoi Rimbaud a-t-il choisi ce titre?

*Écriture*

1. En quoi ce poème rappelle-t-il l'univers propre au conte merveilleux?

*VILLE* (P. 29)

*Compréhension*

1. Expliquez dans vos propres mots ce qui contribue, selon le poète, à donner l'impression de modernité dans cette ville.
2. Quel passage du poème décrit le mieux le paysage industriel de la fin du XIXe siècle?
3. Quel lieu évoqué dans le poème tranche radicalement avec celui de la «métropole crue moderne»?

## APOLLINAIRE

*ÉCOUTE S'IL PLEUT ÉCOUTE S'IL PLEUT...* (P. 31)

*Compréhension*

1. En quoi la pluie semble-t-elle contraster avec l'horreur de la guerre?
2. Comment sont caractérisés les soldats?
3. Pourquoi Apollinaire dit-il de la girouette qu'elle est maligne?

*Écriture*

1. En quoi l'absence de ponctuation sert-elle ce poème?
2. Hormis l'absence de ponctuation, quelle(s) autre(s) caractéristique(s) de ce poème appartiennent à la poésie moderne?

## XXXI — *Il y a* (p. 32)

*Compréhension*

1. Trois vers montrent clairement qu'Apollinaire chante à la fois l'amour, la vie et l'amour de la vie. Quels sont-ils?
2. Quels vers nous montrent qu'Apollinaire écrit son poème pendant la guerre?
3. Quels vers montrent que le poète n'est pas en compagnie de celle qu'il aime?

*Écriture*

1. Quel procédé littéraire sera repris fréquemment par les surréalistes, entre autres par Breton dans *L'Union libre*?
2. Dans quel(s) vers Apollinaire adopte-t-il un niveau de langue différent de celui de l'ensemble du poème? Quel(s) effet(s) cela crée-t-il?

## XXXIII — *Mon très cher petit Lou je t'aime...* (p. 33)

*Compréhension*

1. Quels vers dépassent la simple description du corps de Lou pour parler assez directement de sexualité?
2. Quel vers semble moins parler de la beauté du corps de Lou que de la beauté intérieure?

*Écriture*

1. Faites le relevé des néologismes créés par Apollinaire dans ce poème.
2. Quelle formule employée par Apollinaire donne l'impression que ce poème est aussi une lettre à sa bien-aimée?

### *PRESSENTIMENT D'AMÉRIQUE* (P. 35)

*Compréhension*

1. De quelle Amérique est-il question?
2. Quelles images contribuent à renforcer l'aspect mythique de l'Amérique d'Apollinaire?
3. Quel vers établit un parallèle peu flatteur avec l'Europe?
4. Quelle est, selon vous, cette « guerre de naguère » dont parle Apollinaire?

*Écriture*

1. Dans quel vers la syntaxe « brisée » d'Apollinaire contribue-t-elle à créer un effet vraiment « surréaliste »?
2. Quel effet l'absence de ponctuation crée-t-elle ici?

### *LA COLOMBE POIGNARDÉE ET LE JET D'EAU* (P. 37)

*Compréhension*

1. Montrez que ce poème a quelque chose de romantique dans la façon dont Apollinaire décrit le jet d'eau. Justifiez votre réponse.
2. Que symbolise la colombe dans ce poème? Pourquoi est-elle poignardée?

*Écriture*

1. Quel type de vers est employé par le poète?
2. À quel agencement de rimes le poète a-t-il recours?

## TZARA

### *POUR FAIRE UN POÈME DADAÏSTE* (P. 39)

*Compréhension*

1. Faites le relevé du « matériel » nécessaire pour écrire un poème dadaïste.
2. Qui est le « vulgaire »?
3. Combien d'étapes comporte la création d'un poème dadaïste?

*Écriture*

1. Montrez que ce texte est conçu comme le texte d'une recette de cuisine.
2. Pourquoi peut-on dire que le poème donné en exemple par Tzara semble effectivement avoir été conçu en suivant sa méthode?

### Dégoût dadaïste (p. 41)

*Compréhension*

1. Citez un extrait de ce texte allant dans le sens du dogmatisme religieux.
2. En quoi le dadaïsme, tel que défini par Tzara, se rapproche-t-il de la définition de la vie contenue dans ce texte?

*Écriture*

1. Faites le relevé des termes et des expressions qui traduisent bien le caractère agressif et excessif du dadaïsme.
2. Comment, sur le plan de la syntaxe, Tzara s'y prend-il pour montrer le lien étroit entre la liberté, son mouvement et la vie?

### Chanson Dada (p. 42)

*Compréhension*

1. À quelle institution s'en prend particulièrement Tzara dans ce poème?
2. Quels vers font office de refrain?
3. Quelles sont les directives données au lecteur?

*Écriture*

1. Qu'est-ce qui, malgré le caractère absurde des images, éloigne ce texte dadaïste de l'écriture automatique des surréalistes?
2. Dans quel vers retrouve-t-on une caractéristique typique du langage populaire?
3. Quelles parties du texte mettent exclusivement l'accent sur le rythme?

## QUESTIONS SUR LES SURRÉALISTES

### ARAGON

*ÉCLAIRAGE À PERTE DE VUE* (P. 47)

*Compréhension*

1. Peut-on dire que le poète rêve qu'il vole? Justifiez votre réponse.
2. Si le poète vole, comment s'y prend-il?
3. Dans quel ordre le poète nomme-t-il les créatures ailées de l'énumération centrale?
4. Que veut dire, d'après vous, le dernier vers du poème?

*Écriture*

1. Mettez en évidence les jeux de sonorités contenus dans ce poème.
2. Quels sont les deux seuls vers offrant une rime finale?

*POUR DEMAIN* (P. 48)

*Compréhension*

1. Quelles images contenues dans ce poème évoquent la joie?
2. Quelle est la cause de cette joie?
3. Expliquez dans vos propres mots les vers suivants:
   «La seule école buissonnière / et non Silène m'enseigna».
4. En quoi le dernier vers rappelle-t-il le tout premier?

*Écriture*

1. Pourquoi ce poème ne peut-il être considéré comme un pur produit de l'écriture automatique?
2. Quel type de vers Aragon utilise-t-il?
3. Faites le relevé systématique de l'agencement des rimes. Se dégage-t-il un patron de cet agencement?

*TU M'AS TROUVÉ COMME UN CAILLOU QUE L'ON RAMASSE SUR LA PLAGE...* (P. 49)

*Compréhension*

1. Dans quel état le poète a-t-il été trouvé? Justifiez votre réponse.
2. Au premier vers, le poète se compare à un caillou. Citez un autre vers contenant une métaphore similaire.
3. Le poète se compare souvent à un objet ou à un animal. Quelle est la nature des autres métaphores? Justifiez votre réponse.

4. D'après ce que vous savez d'Aragon, en quoi le dernier vers du poème est-il plus nettement autobiographique?

5. Toujours d'après ce que vous savez d'Aragon, à qui s'adresse ce poème?

*Écriture*

1. Quel type de vers Aragon utilise-t-il? À votre avis, s'agit-il d'un type de vers très fréquent en poésie?

2. À quel agencement des rimes a-t-il recours?

3. Le poème contient une rime riche. Laquelle?

### L'AMOUR QUI N'EST PAS UN MOT (P. 51)

*Compréhension*

1. Expliquez le titre du poème. Justifiez votre réponse.

2. Expliquez le vers suivant: «Tu me rends la caresse d'être».

3. Expliquez les vers suivants: «Ah crevez-moi les yeux de l'âme / S'ils s'habituaient aux nuées».

4. Quelle est cette «moitié véreuse» du fruit? Appuyez votre réponse en citant un autre vers.

*Écriture*

1. Quel type de vers Aragon emploie-t-il?

2. Quel effet Aragon cherche-t-il à produire aux vers 4 et 5? Justifiez votre réponse.

3. Reformulez les vers suivants en une phrase à la syntaxe plus simple: «Suffit-il donc que tu paraisses / De l'air que te fait rattachant / Tes cheveux ce geste touchant».

4. À quelle interjection typique de la poésie classique (et de la tragédie) Aragon a-t-il recours dans son poème?

---

## ARTAUD

### LA MOMIE ATTACHÉE (P. 55)

*Compréhension*

1. Quelle est la double fonction du titre du poème?

2. Quel est l'affreux silence du corps dont parle Artaud?

3. Pouvez-vous expliquer la signification de « l'or qui monte » ?
4. Expliquez les deux derniers vers du poème.

*Écriture*

1. Donnez deux raisons qui prouvent que ce poème n'est pas un bon exemple d'écriture automatique.
2. Bien que le poème soit majoritairement écrit en octosyllabes, certains vers manquent à la règle. Lesquels ? Quelle est la longueur de chacun de ces vers ?
3. Artaud se permet également une liberté sur le plan de la rime. Laquelle ?

### Pour Lise (p. 56)

*Compréhension*

1. D'après vous, que symbolise la bague ?
2. Expliquez cette image : « Mais comme un roi des jours anciens / Porte comme un calendrier / Son corps barbare et tatoué ».
3. Quels sont ces « mirages capables de tuer notre faim » ?

*Écriture*

1. Y a-t-il une logique particulière présidant à la disposition des rimes ?
2. Pourquoi Artaud dote-t-il le mot « Être » d'une majuscule ?
3. Expliquez le rôle des points-virgules dans le poème.

### Texte surréaliste (p. 57)

*Compréhension*

1. Faites ressortir de ce texte les images liées à la maternité.
2. En quoi ce texte semble-t-il être le fruit d'un effort conscient pour aller dans le sens de l'écriture automatique ?
3. Que veut dire Artaud par « le sexe du bas de mon âme » ?
4. Qu'évoque l'image du « triangle enflammé » qui clôt le texte ? En quoi cette image contraste-t-elle avec celles qui la précèdent ?

*Écriture*

1. Quelle conjonction Artaud emploie-t-il à plusieurs reprises pour créer un effet rythmique ?

2. Citez trois exemples (au choix) d'images représentatives de l'écriture automatique.

## *Rêve* (p. 59)

*Compréhension*

1. Résumez chacune des parties de ce rêve en une phrase.
2. Quelle vérité existentielle plutôt angoissante livre-t-on à Artaud dans la première partie de son rêve?
3. Quelle caractéristique plutôt absurde distingue la vierge possédée par un acteur connu des autres vierges?
4. Qu'est-ce que «la masse morte de ses raisons», en troisième partie?
5. Comment Artaud aborde-t-il le thème de l'inceste? Comment se manifeste son sentiment de culpabilité?
6. Qu'est-ce qui donne à ce texte l'apparence d'un rêve?

*Écriture*

1. En quoi ce texte se distingue-t-il, sur le plan formel, de *Texte surréaliste*?
2. Pourquoi Artaud met-il certains mots en italique?
3. Quel double sens semble avoir le mot «fente» dans la deuxième partie du rêve?

## *L'Activité du bureau de recherches des surréalistes* (p. 62)

*Compréhension*

1. Révélez le caractère nihiliste des premières phrases de ce texte.
2. Définissez ce «reclassement de la vie» dont parle Artaud.
3. Pourquoi Artaud se garde-t-il de préciser clairement ce qu'il entend par «ordre plus profond et plus fin» des choses?
4. Quelle phrase du texte souligne le mieux que le surréalisme conteste plus qu'il ne revendique?
5. Quelle est la meilleure place «en esprit»? Qu'est-ce que cela veut dire, selon vous?
6. En quoi le passage «il ne se reconnaît aucune pensée» est-il contradictoire avec le reste du texte?
7. À quelle thématique omniprésente dans l'œuvre d'Artaud la note finale nous ramène-t-elle?

## BRETON

### *Monde* (p. 67)

*Compréhension*

1. De quelle classe sociale Breton évoque-t-il l'univers, dans ce poème?
2. Quels objets traduisent le mieux l'impression d'un luxe propre à cette classe sociale?
3. À quel accessoire de mode typiquement aristocratique (dont le nom peut avoir un double sens) le patronyme «des Ricochets» renvoie-t-il?
4. À quel adjectif souvent associé à la noblesse le titre renvoie-t-il?

*Écriture*

1. En quoi ce poème peut-il servir d'exemple de texte automatique?
2. Faites le relevé des éléments constituant le champ lexical de la nature. Quel rôle ce champ lexical remplit-il?

### *Tournesol* (p. 68)

*Compréhension*

1. Comment Breton s'y prend-il pour ancrer ce poème surréaliste dans une certaine réalité?
2. Si vous aviez à dégager un récit de ce poème, que raconterait-il?
3. Quelle image de la femme ce poème renvoie-t-il?
4. Comment expliquez-vous le titre?

*Écriture*

1. Faites le relevé des rimes contenues dans ce poème (en excluant les rimes internes). Comment qualifieriez-vous ces rimes? Qu'est-ce que cela nous dit à propos de la façon dont a été écrit ce poème?
2. Quel effet l'absence de ponctuation contribue-t-elle à créer ou à renforcer?

### *L'Union libre* (p. 70)

*Compréhension*

1. Quelles valeurs essentielles à la révolution surréaliste le titre évoque-t-il?

2. Montrez à l'aide de quelques exemples que les images créées par Breton peuvent être aussi romantiques que farfelues.

3. Quelles images semblent conférer à la femme un certain rôle dans la quête d'absolu du poète ?

4. Montrez à l'aide d'exemples que le poète ne décrit pas une femme, mais *la* femme, dans sa grande diversité.

5. Pourquoi, selon vous, Breton garde-t-il pour la fin le sexe et les yeux ?

*Écriture*

1. Pourquoi, selon vous, Breton a-t-il recours à un vocabulaire complexe, voire spécialisé ?

2. Faites le relevé des parties du corps de la femme décrites par le poète. Parmi ces parties du corps, lesquelles a-t-on moins l'habitude de chanter en poésie ?

### Sur la route de San Romano (p. 73)
*Compréhension*

1. Quel rapport le poète établit-il entre la poésie et l'amour ? Qu'est-ce que cela signifie ?

2. Quelles sont, d'après le poète, les autres caractéristiques importantes de la poésie ? Expliquez-les.

3. Au regard de cette définition de la poésie, à quoi servent les nombreuses images liées à la nature ?

*Écriture*

1. Sur quel procédé littéraire repose l'ensemble du poème ?

### Arcane 17 (p. 76)
*Compréhension*

1. Sur quelle métaphore filée repose l'ensemble du texte ?

2. Que pense Breton de l'esprit scientifique ?

3. Quel passage montre bien que ce texte a été écrit pendant la Seconde Guerre mondiale ?

4. Qu'est-ce qui, dans le texte de Breton, contribue à renforcer l'aspect féerique du rocher Percé ?

5. Quel passage du texte nous permet de qualifier Breton d'humaniste ?

6. Quelle phrase montre bien que le rocher Percé peut nous sembler banal, selon le regard qu'on lui porte ?

*Écriture*

1. Montrez que Breton adopte dans ce texte un ton tour à tour poétique et prosaïque.

2. Qu'est chargé de nous faire réaliser ce changement de ton ?

## EN COLLABORATION

### *Déclaration du 27 janvier 1925* (p. 83)
*Compréhension*

1. Quelle contradiction émane du point 4 ?
2. Quelles menaces les surréalistes font-ils à la société ?
3. Que peuvent être les autres *ismes* qui s'accrochent à la société ?
4. Quelle phrase semble le mieux définir le surréalisme ?

*Écriture*

1. Faites ressortir le ton agressif du texte.

### *Les Champs magnétiques* (p. 85)
*Compréhension*

1. Quels sont les mois en *r* ?
2. D'après vous, que veut dire cette phrase : « Ceux qui veulent prendre de belles manières marchandent leurs costumes à l'étalage » ?
3. Donnez des exemples frappants de phrases représentatives de l'écriture automatique.

*Écriture*

1. Faites vous-même un exercice d'écriture automatique en écrivant un texte inspiré de votre lecture de cet extrait des *Champs magnétiques*.

*COMPOSITION SURRÉALISTE ÉCRITE, OU PREMIER ET DERNIER JET* (P. 87)

*Compréhension*

1. Si vous aviez à résumer ce texte en cinq points brefs,
   quels seraient-ils ?

2. En quoi « réside, pour la plus grande part, l'intérêt du jeu
   surréaliste » ?

3. Que veut-on dire par : « Fiez-vous au caractère inépuisable
   du murmure » ?

4. Pourquoi recommande-t-on de « ramener l'arbitraire » ?

*Écriture*

1. Écrivez un texte en suivant le procédé décrit par Breton
   et Soupault.

2. Écrivez un texte en commençant chacune des phrases par
   deux mots débutant par la lettre *j* (ou toute autre lettre de
   votre choix).

*MANIFESTE DU SURRÉALISME* (1924)(P. 88)

*Compréhension*

1. Pourquoi aurait-on contesté aux surréalistes l'emploi du mot
   « surréalisme » ?

2. D'après ce texte, en quoi consiste faire « acte de SURRÉALISME
   ABSOLU » ?

3. Croyez-vous que Dante et Shakespeare voulaient être des
   surréalistes ? Sinon, pourquoi Breton les cite-t-il dans ce texte ?

4. Pourquoi Breton regrette-t-il que Young ait été prêtre ?

5. D'après vos connaissances personnelles, que veut dire Breton
   par « Baudelaire est surréaliste dans la morale » ?

*Écriture*

1. Quelle partie de ce texte ressemble dans sa forme à un acte de foi
   (comme le *Je crois en Dieu* des catholiques) ?

2. Quelle partie de ce texte rappelle la forme d'un poème
   surréaliste ? En quoi ?

### L'IMMACULÉE CONCEPTION (P. 91)

*Compréhension*

1. En quoi le titre de ce texte est-il pure provocation ?
2. Que veut dire la première phrase ?
3. Résumez en les explicitant les trois degrés de problèmes.
4. Quelles sont les positions dont le nom représente un affront à la religion ?
5. Dans quelle partie du texte retrouve-t-on l'influence de l'art primitif, à la mode à cette époque ?

*Écriture*

1. D'après vous, le nom de chacune de ces positions est-il pure invention ? Sur quoi vous basez-vous pour répondre ?

## DESNOS

### RÊVES — DURANT L'HIVER 1918-1919 (P. 97)

*Compréhension*

1. Quelle information (hormis le titre) nous confirme la première qu'il s'agit d'un rêve ?
2. Quels éléments contribuent au caractère angoissant de ce rêve ?

*Écriture*

1. Quel renseignement les guillemets nous donnent-ils sur l'origine de ce texte ?

### SOMMEIL HYPNOTIQUE DU 28 SEPTEMBRE (P. 98)

*Compréhension*

1. S'agit-il d'un texte écrit par Desnos ou seulement en partie ? Justifiez votre réponse.
2. Desnos savait-il qu'il était l'auteur du poème lorsqu'il proposa la dédicace « À Francis Picabia » ? Justifiez votre réponse.
3. Montrez que les surréalistes mêlent séance d'écriture automatique sous hypnose et séance de voyance.
4. Qui est Gala ?

*Écriture*

1. Que veut dire l'abréviation « Spont. » ?
2. Montrez que le poème écrit sous hypnose est un bon exemple d'écriture automatique.

### Notre paire quiète, ô yeux !… (p. 101)

*Compréhension*

1. De quelle prière ce poème est-il le pastiche ?
2. Quel vers consiste en l'antithèse presque exacte du « vers » original ?
3. Lesquels de ces vers semblent faire l'apologie des « valeurs » prônées par le surréalisme ? Quelles sont ces valeurs ?

*Écriture*

1. Montrez que les calembours de Desnos s'inscrivent dans l'esthétique de l'écriture automatique.

### Comme (p. 102)

*Compréhension*

1. Pourquoi l'Anglais ne verrait-il pas lui aussi « un signe unique sur une carte » s'il disait *as* ?
2. Dans quel passage est clairement revendiqué le droit à la pleine liberté d'expression ?
3. Dans quel vers Desnos accuse-t-il le lecteur d'indifférence ? À quoi est due cette indifférence ?
4. Que demande ultimement Desnos à son poème ?

*Écriture*

1. Montrez que Desnos n'hésite pas à utiliser le parler populaire.
2. Mettez en relief le caractère parfois scabreux de ce poème.

### L'Asile ami (p. 104)

*Compréhension*

1. En quoi ce poème est-il d'inspiration musicale ?
2. D'après vous, « résolut » est-il formé de trois notes de musique ? Expliquez.

3. En quoi le dernier vers propose-t-il une variante?
4. Les cinq portées reproduisent-elles bien la mélodie créée par le poème?

*Écriture*

1. Faites le relevé des différentes façons d'introduire la note «la».
2. Faites le relevé des différentes façons d'introduire la note «do».

### P'Oasis (p. 105)

*Compréhension*

1. Pourquoi, d'après vous, le poète dit-il que «les mots sont nos esclaves» puis, presque immédiatement après, que «nous n'avons pas d'esclaves»?
2. Donnez un exemple de «pensées arborescentes qui fleurissent sur les chemins des jardins cérébraux».
3. Comment expliquez-vous le dernier vers du poème?

*Écriture*

1. Quels sont ces mots dont les syllabes sont réduites à l'état de simples lettres?

### Le Bonbon (p. 107)

*Compréhension*

1. En quoi peut-on dire que ce poème est d'inspiration dadaïste?

*Écriture*

1. À quoi servent les répétitions?
2. De combien de syllabes est constitué le plus long mot de ce poème? En quoi cette information nous aide-t-elle à comprendre la démarche de Desnos?

### Rrose Sélavy, etc. (p. 109)

*Compréhension*

1. Pourquoi trouve-t-on le mot «etc.» dans le titre?
2. Peut-on dire de ce poème qu'il est un pur exercice de style? Pourquoi?

*Écriture*

1. Dans quel vers le poète a-t-il recours à l'anglais ?
2. Comment appelle-t-on le type de jeu de mots auquel se livre le poète ?
3. Pourquoi le mot « AVIS » est-il écrit en majuscules ?

### ÉLÉGANT CANTIQUE DE SALOMÉ SALOMON (P. 110)

*Compréhension*

1. Quel est le but de ce poème ?
2. Quel procédé déjà vu dans *P'Oasis* Desnos reprend-il ici ?
3. En quoi ce « cantique » peut-il être qualifié d'« élégant » ?

*Écriture*

1. Quel type de vers domine ce poème ?
2. Peut-on appeler « MN » ou « NM » des vers ?

### J'AI TANT RÊVÉ DE TOI (P. 111)

*Compréhension*

1. Que veut dire le poète par : « J'ai tant rêvé de toi que tu perds ta réalité » ?
2. Pourquoi Desnos sent-il qu'il ne pourrait faire face à celle qu'il aime ?
3. Montrez le caractère pessimiste et désespéré de ce poème.
4. Quelle image Desnos crée-t-il pour montrer que la vie de celle qu'il aime est lumineuse, alors que la sienne est nocturne et solitaire ?

*Écriture*

1. De quel type de vers s'agit-il ici ?
2. En quoi ce poème détonne-t-il dans le paysage de la poésie surréaliste ?
3. Quel vers ou segment de vers fait office de « refrain » ?

## ÉLUARD

### *NOTRE MORT* (P. 113)

*Compréhension*

1. Quelles valeurs rejetées par l'ensemble des surréalistes sont évoquées dans ce poème?
2. Que signifie le vers « *Je connais tous les chants des oiseaux* » dans le contexte du poème?
3. Quel double sens peut avoir le mot « rat » ?

*Écriture*

1. Pourquoi le poète adopte-t-il une structure en deux parties?
2. En quoi la simplicité du vers « Oh! le bruit terrible que mène la guerre parmi le monde et autour de nous! Oh! le bruit terrible de la guerre! » sert-elle son propos?

### *POÈMES POUR LA PAIX* (1918)(P. 114)

*Compréhension*

1. En quoi la première strophe de ce poème nous semble-t-elle irréaliste (ou idéalisante)?
2. Qu'évoque la table ronde de la strophe III? En quoi ce symbole est-il lié au premier vers de la strophe?
3. Que veut dire le poète par: « Maintenant, tu n'auras qu'un souffle près de toi » (strophe IV)?
4. Quel vers de la strophe VI apporte un bémol à ce chant de victoire et de résurrection?
5. Pourquoi le poète dit-il qu'il a longtemps eu « un visage inutile » ?
6. Quel adjectif de la dernière strophe clôt le poème sur une note ambiguë?

*Écriture*

1. Quelle strophe n'est constituée que d'octosyllabes?
2. En quoi les points d'exclamation renforcent-ils la pertinence du sous-titre du poème?

### *Pour vivre ici* (p. 117)

*Compréhension*

1. Pourquoi la petite est-elle à moitié petite?
2. De quelle saison parle le poète au 3e haïku?
3. Pourquoi l'art est-il appelé «langage obscur» au 6e haïku?
4. Que peut vouloir dire: «L'amour sort le soir» (10e haïku)?
5. En quoi le 11e haïku nous ramène-t-il au 2e?

*Écriture*

1. En quoi le 8e haïku semble-t-il avoir été inspiré par le 7e?
   Cela peut-il nous permettre de conclure qu'il s'agit bien
   d'écriture automatique?
2. Éluard adopte-t-il à la lettre la forme traditionnelle du haïku?

### *Réveil officiel du serin* (p. 119)

*Compréhension*

1. Que peut symboliser le serin?
2. Que veut dire Éluard par «les terribles musiciens»?
3. Pourquoi le serin serait-il insensible à la victoire ou à la
   défaite militaire?

*Écriture*

1. Montrez que ce poème constitue un bon exemple d'écriture
   automatique.
2. Quel homonyme de «serin» confirme le symbolisme attribué
   à l'oiseau?

### *Le nettoyage des carreaux n'entraîne pas forcément la propreté en amour* (p. 120)

*Compréhension*

1. En quoi le titre se rapporte-t-il au poème?
2. En quoi l'image du prêtre fornicateur va-t-elle dans le sens de
   la révolution surréaliste?
3. Que fait le père de l'héroïne?

*Écriture*

1. En quoi la dernière phrase semble-t-elle relever entièrement
   de l'écriture automatique?

## *LA TERRE EST BLEUE COMME UNE ORANGE...* (P. 121)

### Compréhension

1. En quoi ce poème est-il une ode à la vie et à la paix retrouvée ?
2. Que veut dire le premier vers de ce poème ?
3. Expliquez cette image : « L'aube se passe autour du cou / Un collier de fenêtres ».
4. Que sont les « joies solaires » ?
5. Quels mots et quelles images de ce poème sont liés au printemps ?

### Écriture

1. Quelles sonorités communes retrouve-t-on dans les vers 1 et 2 ?
2. Comment la syntaxe participe-t-elle à l'aspect surréaliste de ce poème ?

## *LE MIROIR D'UN MOMENT* (P.122)

### Compréhension

1. En quoi ce poème fait-il l'apologie du rêve ?
2. Expliquez les vers suivants : « Il est dur comme la pierre » ; « Ce qui a été compris n'existe plus » ; et « L'oiseau s'est confondu avec le vent ».
3. Quelle est cette réalité de l'homme ?

### Écriture

1. En quoi ce poème a-t-il des apparences de charade ?
2. Il semble évident que ce poème ne relève pas de l'écriture automatique. Pourtant, il fait bien partie de la période surréaliste d'Éluard. En quoi appartient-il à ce mouvement ?

## *TA BOUCHE AUX LÈVRES D'OR N'EST PAS EN MOI POUR RIRE...* (P. 123)

### Compréhension

1. Montrez le caractère angoissé de ce poème.
2. Montrez que le souvenir est avant tout sonore.
3. Quel parallèle peut-on établir entre les vers d'Éluard et ceux de Desnos, dans son poème *J'ai tant rêvé de toi* ?
4. Quels sont ces « terribles loisirs que ton amour me crée » ?

*Écriture*

1. Quel type de vers est utilisé dans ce poème?
2. Quelle est la seule rime finale de ce poème?

## L'AMOUREUSE (P. 124)

*Compréhension*

1. Comment cette amoureuse peut-elle être debout sur les paupières du poète?
2. Que veulent dire les vers: «Ses rêves en pleine lumière / Font s'évaporer les soleils»?
3. En quoi le dernier vers vient-il confirmer le ton «doucement euphorique» de ce poème?

*Écriture*

1. Quel type de vers est utilisé ici?
2. Un seul vers ne correspond pas à ce type. Lequel et pourquoi?

## JE TE L'AI DIT POUR LES NUAGES... (P. 125)

*Compréhension*

1. En quoi ce bref poème est-il un poème d'amour?
2. Pourquoi le poète procède-t-il à cette énumération?
3. Qu'est-ce que le poète dit à propos de tout ce qu'il nomme?
4. Expliquez ces vers: «Pour l'œil qui devient visage ou paysage / Et le sommeil lui rend le ciel de sa couleur».

*Écriture*

1. Relevez dans ce poème deux images particulièrement surréalistes.

### PÉRET

## 26 POINTS À PRÉCISER (P. 127)

*Compréhension*

1. Si l'on fait abstraction des formules mathématiques, que peut vouloir dire: «Ma vie finira par $a$»?
2. Si le poète est $b - a$, qu'est-ce que $b$?
3. Si le poète demande $c$, qu'est-ce que $c$? Pourquoi l'équation n'est-elle pas $b - ac$?

4. Montrez comment, dans la suite du poème, Péret ajoute des données concernant les cinq sens.

5. En quoi le fait de terminer le poème par les données concernant la date de naissance de l'auteur nous ramène-t-il au début du texte?

*Écriture*

1. En quoi Péret repousse-t-il les limites de l'écriture automatique avec ce poème?

2. Quel rôle finissent par prendre les formules mathématiques dans ce texte?

### PLEIN LES BOTTES (P. 132)

*Compréhension*

1. D'après vous, y a-t-il quelque chose de précis à comprendre dans ce poème? Pourquoi?

2. Quel est le thème général de ce poème? Justifiez votre réponse.

3. Trouvez une autre expression qui aurait le même sens que «Plein les bottes».

4. Expliquez les deux derniers vers: «le pain qui est condamné à mort avant d'être pain / comme l'eau est condamnée à mort avant d'être eau».

*Écriture*

1. Quel est le ton de ce poème? Justifiez votre réponse.

2. Montrez que, de tous les poèmes contenus dans cette anthologie, celui-ci est probablement celui qui constitue le meilleur exemple d'écriture automatique.

## SOUPAULT

### GEORGIA (P. 135)

*Compréhension*

1. Outre le thème de l'amour, quel thème essentiel retrouve-t-on dans ce poème (formulé dans les derniers vers)?

2. D'après vous, quelles images renvoient le mieux la solitude de l'auteur? Pourquoi?

3. Pourquoi le poète dit-il que «la nuit est [sa] voisine»?

4. Que fuit le poète?

5. Qu'est-ce que les vers «Voici une ville qui est la même / et que je ne connais pas Georgia» nous disent à propos de la situation de l'auteur?

*Écriture*

1. Qu'apporte la répétition du prénom Georgia au poème?

2. Pourquoi le poète répète-t-il plusieurs fois qu'il «appelle»?

3. Quand le poète emploie-t-il la minuscule en début de vers?

4. Quand emploie-t-il la majuscule?   .

### SAY IT WITH MUSIC (P. 137)

*Compréhension*

1. Que veut dire le poète par: «mon cœur est trop petit / ou trop grand»?

2. Expliquez les vers suivants: «je descends les marches quotidiennes / en laissant une prière s'échapper de mes lèvres».

3. Que signifie «mon cher sang rouge / parcourt mes veines / en chassant devant lui les souvenirs du présent»?

4. Quel est le thème de ce poème?

5. Expliquez-en le titre.

*Écriture*

1. Citez deux vers portant l'empreinte de l'écriture automatique.

2. Pourquoi le poète alterne-t-il vers longs et vers courts?

## QUESTIONS D'UN POÈME À L'AUTRE

1. Comparez *Georgia* de Philippe Soupault à *Mon très cher petit Lou je t'aime…* de Guillaume Apollinaire.

2. Comparez l'extrait du *Chant premier* des *Chants de Maldoror* de Lautréamont à l'extrait d'*Arcane 17* d'André Breton.

3. Comparez *Éclairage à perte de vue* de Louis Aragon à *Rêve* d'Antonin Artaud.

4. Comparez *Chanson Dada* de Tristan Tzara au *Bonbon* de Robert Desnos.

5. Comparez l'écriture automatique de *Comme* de Desnos à celle de *Monde* de Breton.

## DISSERTATION EXPLICATIVE

**Sujets portant sur un seul poème ou extrait**

*Les précurseurs*

1. Dans l'extrait du *Chant premier* des *Chants de Maldoror,* le poète se sert de l'océan pour faire le procès de l'humanité. Expliquez.

2. Dans *Alchimie du verbe* de Rimbaud, la poésie représente l'ultime enchantement. Illustrez.

3. *Mon très cher petit Lou je t'aime…* d'Apollinaire oscille entre la tendresse, la grivoiserie et l'amour le plus profond. Démontrez.

*Les surréalistes*

1. *L'amour qui n'est pas un mot* d'Aragon est un poème qui célèbre un nouveau départ dans la vie de son auteur. Expliquez.

2. Montrez que, dans *L'Activité du bureau de recherches des surréalistes,* Artaud traite à la fois des enjeux du surréalisme et de ses propres obsessions.

3. Dans *L'Union libre,* Breton célèbre la femme de manière tout à la fois sensuelle, amoureuse et cocasse. Illustrez.

4. Dans l'extrait du *Manifeste du surréalisme* (1924), Breton et Soupault sont tout aussi préoccupés par l'idée de montrer la nouveauté de leur mouvement que par celle de l'inscrire dans une certaine tradition. Expliquez.

5. Dans *P'Oasis,* Desnos repousse les limites de la poésie autant que celle du langage. Illustrez.

6. *La terre est bleue comme une orange…* d'Éluard est à la fois un exercice d'écriture automatique, un chant d'amour et une célébration de la nature. Expliquez.

7. Dans *Plein les bottes* de Péret, la révolte du poète s'exprime autant par le style que par la force des images et la réflexion générale sur la guerre et la mort. Démontrez.

8. *Say it with music* de Soupault chante la difficulté de vieillir autant par ses images que par son rythme évocateur. Expliquez.

## SUJETS PORTANT SUR DEUX POÈMES OU EXTRAITS

1. *L'Union libre* révèle la forte influence d'Apollinaire. Démontrez la justesse de cette affirmation en comparant le poème de Breton à *Mon très cher petit Lou je t'aime...*

2. *Ta bouche aux lèvres d'or n'est pas en moi pour rire...* d'Éluard et *J'ai tant rêvé de toi* de Desnos démontrent tous deux que l'amour fou conduit à l'emprisonnement dans le rêve et la solitude. Expliquez.

3. Démontrez que l'extrait des *Champs magnétiques* est une bonne illustration de la méthode proposée dans *Composition surréaliste écrite, ou premier et dernier jet.*
   Ou
   Démontrez que *Plein les bottes* de Péret est une bonne illustration de la méthode proposée dans *Composition surréaliste écrite, ou premier et dernier jet.*

4. Montrez que *Pour Demain* d'Aragon et *La terre est bleue comme une orange...* d'Éluard célèbrent tous deux la joie de vivre et la beauté du monde.

5. Montrez que Tzara, dans *Pour faire un poème dadaïste* et dans *Composition surréaliste écrite, ou premier et dernier jet,* cherche à repousser les limites de la poésie, en intégrant dans le premier poème la notion de hasard dans la création, en établissant dans le second qu'il n'y a pas de hasard.

# ANNEXES

| | TABLEAU CHRONOLOGIQUE | |
|---|---|---|
| | **ÉVÉNEMENTS HISTORIQUES EN FRANCE** | **VIE ET ŒUVRE DES SURRÉALISTES ET DES PRÉCURSEURS DU SURRÉALISME** |
| 1842 | | Naissance de Stéphane Mallarmé. |
| 1846 | | Naissance d'Isidore Ducasse, dit comte de Lautréamont. |
| 1848 | Fin de la monarchie de Juillet, début de la IIe République. | |
| 1852 | Fin de la IIe République, début du Second Empire. | |
| 1854 | | Naissance d'Arthur Rimbaud. |
| 1859 | | |
| 1863 | | |
| 1866 | | Premiers poèmes publiés de Mallarmé. |
| 1869 | | Lautréamont, *Les Chants de Maldoror*. |
| 1870 | Guerre franco-prussienne; fin du Second Empire, début de la IIIe République. | Fugues de Rimbaud, qui découvre l'horreur de la guerre. Publication de *Poésies I* et *II* de Lautréamont et mort du poète. |
| 1871 | La Commune de Paris: 38 000 insurgés arrêtés et jugés. | Rimbaud écrit *Le Bateau ivre* et rencontre Verlaine. |
| 1872 | | Mallarmé fait la rencontre de Rimbaud. |
| 1873 | | Rimbaud, *Une saison en enfer*. Arrestation de Verlaine. Rimbaud rompt avec la poésie. |
| 1880 | | Naissance de Guillaume Apollinaire. |

## TABLEAU CHRONOLOGIQUE

| ÉVÉNEMENTS LITTÉRAIRES ET CULTURELS EN FRANCE | ÉVÉNEMENTS HISTORIQUES ET CULTURELS HORS DE FRANCE | |
|---|---|---|
| Publication à titre posthume de *Gaspard de la nuit* d'Aloysius Bertrand. | Russie : publication des *Âmes mortes* de Gogol. | 1842 |
| Échec de *La Damnation de Faust* d'Hector Berlioz. | | 1846 |
| Premier feuilleton des *Mémoires d'outre-tombe* de François-René de Chateaubriand. | Angleterre : parution à Londres du *Manifeste du parti communiste* de Karl Marx. Danemark : Søren Kierkegaard, *Traité du désespoir*. | 1848 |
| Théophile Gautier, *Émaux et Camées*. | | 1852 |
| Gérard de Nerval, *Les Filles du feu* et *Les Chimères*. | | 1854 |
| Eugène Delacroix, *La Lutte de Jacob et de l'Ange*. Victor Hugo, *La Légende des siècles*. | Angleterre : Charles Darwin, *De l'origine des espèces au moyen de la sélection naturelle*. | 1859 |
| Édouard Manet, *Olympia* et *Le Déjeuner sur l'herbe*. | États-Unis : bataille de Gettysburg (guerre de Sécession). | 1863 |
| Jacques Offenbach, *La Vie parisienne*. | Russie : Dostoïevski, *Crime et Châtiment*. | 1866 |
| Paul Verlaine, *Les Fêtes galantes*. | Russie : Léon Tolstoï, *Guerre et Paix* ; Mendeleïev, *Classification périodique des éléments*. | 1869 |
| Hippolyte Taine, *De l'intelligence*. | | 1870 |
| Mallarmé, *Hérodiade, 2e partie*. | | 1871 |
| Georges Bizet, *L'Arlésienne*. Claude Monet, *Impression soleil levant*. | Allemagne : Friedrich Nietzsche, *La Naissance de la tragédie*. | 1872 |
| Émile Zola, *Le Ventre de Paris*. | | 1873 |
| Zola, *Nana*. | Russie : Dostoïevski termine *Les Frères Karamazov*. | 1880 |

| | | |
|---|---|---|
| | **TABLEAU CHRONOLOGIQUE** | |
| | **ÉVÉNEMENTS HISTORIQUES EN FRANCE** | **VIE ET ŒUVRE DES SURRÉALISTES ET DES PRÉCURSEURS DU SURRÉALISME** |
| 1883 | | |
| 1884 | | |
| 1886 | | Publication des *Illuminations* de Rimbaud. |
| 1887 | | Mallarmé, *Poésies de Stéphane Mallarmé.* |
| 1888 | | |
| 1889 | Exposition universelle de Paris ; tour Eiffel. | |
| 1891 | | Mort d'Arthur Rimbaud. |
| 1895 | | Naissance de Paul Éluard. |
| 1896 | Début de l'affaire Dreyfus. | Naissance de Tristan Tzara, d'André Breton et d'Antonin Artaud. |
| 1897 | | Naissance de Philippe Soupault et de Louis Aragon. Mallarmé, *Un coup de dés jamais n'abolira le hasard.* |
| 1898 | | Mort de Stéphane Mallarmé. |
| 1899 | Nouveau procès de Dreyfus (définitivement innocenté en 1906). | Naissance de Benjamin Péret. |
| 1900 | Exposition universelle (Paris). | Naissance de Robert Desnos. |
| 1905 | | |

## TABLEAU CHRONOLOGIQUE

| ÉVÉNEMENTS LITTÉRAIRES ET CULTURELS EN FRANCE | ÉVÉNEMENTS HISTORIQUES ET CULTURELS HORS DE FRANCE | |
|---|---|---|
| Verlaine, *Poètes maudits,* qui fait découvrir Mallarmé.<br>Auguste Renoir, *La Danse à la campagne.* | Angleterre : mort de Karl Marx. | 1883 |
| Joris-Karl Huysmans, *À rebours.*<br>Premier Salon des indépendants. | Suisse : Friedrich Engels, *L'Origine de la famille, de la propriété privée et de l'État.* | 1884 |
| | Allemagne : Carl Benz, brevet de la première voiture à moteur. | 1886 |
| | | 1887 |
| Paul Gauguin, *La Vision après le sermon.*<br>Vincent Van Gogh, *L'Arlésienne.* | Russie : Rimski-Korsakov, *Schéhérazade.* | 1888 |
| Van Gogh, *Autoportrait à l'oreille coupée.*<br>Henri Bergson, *Essai sur les données immédiates de la conscience.*<br>Invention de la bande dessinée. | | 1889 |
| | Angleterre : Arthur Conan Doyle, *Aventures de Sherlock Holmes.* | 1891 |
| Invention du cinématographe par les frères Lumière. | | 1895 |
| Marcel Proust, *Les Plaisirs et les jours.* | | 1896 |
| Gauguin, *D'où venons-nous ? Que sommes-nous ? Où allons-nous ?* | Angleterre : Herbert George Wells, *L'Homme invisible ;* Joseph John Thomson découvre les électrons. | 1897 |
| Zola, *J'accuse.*<br>Paul Cézanne, *La Montagne Sainte-Victoire.* | Angleterre : Guglielmo Marconi invente le télégraphe sans fil. | 1898 |
| | Russie : Tchekhov, *Oncle Vania.* | 1899 |
| Bergson, *Le Rire.* | Autriche : Sigmund Freud, *L'Interprétation des rêves.* | 1900 |
| Naissance du fauvisme au Salon d'automne. | Allemagne : création du groupe *Die Brücke* (peinture expressionniste).<br>Autriche : Freud, *Le Mot d'esprit et ses rapports avec l'inconscient* et *Trois essais sur la théorie de la sexualité.* | 1905 |

| TABLEAU CHRONOLOGIQUE | | |
|---|---|---|
| | **ÉVÉNEMENTS HISTORIQUES EN FRANCE** | **VIE ET ŒUVRE DES SURRÉALISTES ET DES PRÉCURSEURS DU SURRÉALISME** |
| 1907 | | |
| 1911 | | Apollinaire, *Le Bestiaire ou Cortège d'Orphée*. |
| 1913 | | Apollinaire, *Alcools*. |
| 1914 | Début de la Première Guerre mondiale. | |
| 1916 | Bataille de Verdun. | Apollinaire, *Le Poète assassiné*. |
| 1917 | | Breton, Jacques Vaché, Soupault et Aragon se lient d'amitié. Apollinaire utilise pour la première fois le mot « surréalisme ». |
| 1918 | Fin de la Première Guerre mondiale. | Apollinaire, *Calligrammes* et mort du poète. Tzara, *Vingt-cinq et un poèmes*. |
| 1919 | | Breton et Soupault, *Les Champs magnétiques*; les futurs surréalistes joignent les rangs du dadaïsme. |
| 1920 | | Soupault, *Rose des vents*. |
| 1922 | | Tzara, *Le Cœur à gaz*. Max Ernst se joint au groupe surréaliste. Rupture entre Breton et Tzara. Premières séances d'hypnose. Soupault, *Westwego*. |
| 1923 | | Tzara, *De nos oiseaux*. Francis Picabia et René Clair, *Entr'acte*. Artaud, *Tric-Trac du ciel*. |
| 1924 | | Breton et Soupault, *Manifeste du surréalisme*. Fondation de la revue *La Révolution surréaliste*. Création du Bureau de recherches surréalistes. Breton, *Un cadavre*. |

| TABLEAU CHRONOLOGIQUE | | |
|---|---|---|
| **ÉVÉNEMENTS LITTÉRAIRES ET CULTURELS EN FRANCE** | **ÉVÉNEMENTS HISTORIQUES ET CULTURELS HORS DE FRANCE** | |
| Pablo Picasso, *Les Demoiselles d'Avignon* ; début de la période cubiste du peintre. | | 1907 |
| | Allemagne : première exposition du groupe *Der Blaue Reiter*. | 1911 |
| Proust, *À la recherche du temps perdu* (1913-1927). | États-Unis : Marcel Duchamp invente le *ready-made*. | 1913 |
| André Gide, *Les Caves du Vatican*. | | 1914 |
| | Allemagne : Albert Einstein, *La Théorie de la relativité*. | 1916 |
| | Révolution russe. | 1917 |
| | Suisse : Tzara, *Manifeste Dada*. | 1918 |
| | États-Unis : Charles Lindbergh traverse l'Atlantique en avion. | 1919 |
| Mort d'Amadeo Modigliani. | | 1920 |
| | Italie : Benito Mussolini au pouvoir. | 1922 |
| | | 1923 |
| | | 1924 |

| TABLEAU CHRONOLOGIQUE | | |
|---|---|---|
| | ÉVÉNEMENTS HISTORIQUES EN FRANCE | VIE ET ŒUVRE DES SURRÉALISTES ET DES PRÉCURSEURS DU SURRÉALISME |
| 1925 | | Artaud, *Le Pèse-Nerfs* et *L'Ombilic des limbes*. |
| 1926 | | Éluard, *Capitale de la douleur*. Aragon, *Le Paysan de Paris*. |
| 1927 | | Les surréalistes dénoncent la guerre coloniale au Maroc. Breton adhère au parti communiste. Artaud fonde le Théâtre Alfred-Jarry. |
| 1928 | | Breton, *Nadja*. Tzara, *L'Indicateur des chemins du cœur*. Luis Buñuel, *Un chien andalou*. |
| 1929 | | Éluard, *L'Amour, la poésie*. Breton, *Second manifeste du surréalisme*. Desnos et Man Ray, *L'Étoile de mer*. Artaud, *L'Art et la Mort*. |
| 1930 | | Desnos et autres, *Un cadavre* (pamphlet contre Breton). Lancement de la nouvelle revue *Le Surréalisme au service de la Révolution*. Buñuel, *L'Âge d'or*. Aragon désavoue le surréalisme. Desnos, *Corps et biens*. |
| 1931 | | Tzara, *L'Homme approximatif*. |
| 1932 | | Aragon se retire du groupe surréaliste. Breton milite contre le fascisme. Éluard, *La Vie immédiate*. |
| 1933 | | Breton est exclu du parti communiste. |
| 1934 | | Les surréalistes membres du Comité de vigilance des intellectuels antifascistes. Aragon, *Les Cloches de Bâle*. |
| 1936 | | Tzara, *Chant de guerre civile*. Aragon, *Les Beaux Quartiers*. |

| TABLEAU CHRONOLOGIQUE | | |
|---|---|---|
| **ÉVÉNEMENTS LITTÉRAIRES ET CULTURELS EN FRANCE** | **ÉVÉNEMENTS HISTORIQUES ET CULTURELS HORS DE FRANCE** | |
| Proust, *Albertine disparue*. | | 1925 |
| | États-Unis : Ernest Hemingway, *The Sun Also Rises*. | 1926 |
| | | 1927 |
| Colette, *La Naissance du jour*. | | 1928 |
| | États-Unis : krach boursier ; début de la crise économique.<br>Belgique : Hergé crée Tintin. | 1929 |
| André Malraux, *La Voie royale*. | | 1930 |
| Antoine de Saint-Exupéry, *Vol de nuit*. | | 1931 |
| Louis-Ferdinand Céline, *Voyage au bout de la nuit*. | États-Unis : construction de l'Empire State Building. | 1932 |
| Malraux, *La Condition humaine*. | Allemagne : Adolf Hitler est élu chancelier. | 1933 |
| Jean Giono, *Le Chant du monde*. | | 1934 |
| Céline, *Mort à crédit*. | Guerre d'Espagne.<br>États-Unis : Charlie Chaplin, *Les Temps modernes*. | 1936 |

| | TABLEAU CHRONOLOGIQUE | |
|---|---|---|
| | **ÉVÉNEMENTS HISTORIQUES EN FRANCE** | **VIE ET ŒUVRE DES SURRÉALISTES ET DES PRÉCURSEURS DU SURRÉALISME** |
| 1937 | | Breton, *L'Amour fou*. Éluard, *L'Évidence poétique*. |
| 1938 | | Voyage de Breton au Mexique, où il rencontre Léon Trotski ; rupture avec Éluard. Soupault fonde Radio-Tunis. Artaud, *Le Théâtre et son double*. |
| 1939 | Début de la Seconde Guerre mondiale. | Salvador Dalí est exclu du mouvement surréaliste. |
| 1940 | Fin de la IIIᵉ République, début du gouvernement de Vichy (pétainisme). | Éluard, *Le Livre ouvert*. |
| 1941 | | Exil de Breton aux États-Unis ; exil de Péret au Mexique. Aragon, *Le Crève-Cœur*. |
| 1942 | | Éluard et Aragon membres de la Résistance. Aragon, *Les Yeux d'Elsa* et *Les Voyageurs de l'impériale*. Desnos, *Fortunes*. |
| 1944 | Débarquement en Normandie. Libération de Paris. | Aragon, *Aurélien*. Soupault, *Ode à Londres bombardée*. Desnos, *Contrée*. |
| 1945 | Fin de la Seconde Guerre mondiale ; utilisation de la bombe atomique contre le Japon. | Mort de Robert Desnos. Soupault, *Le Temps des assassins*. Artaud, *D'un voyage au pays des Tarahumaras*. |
| 1946 | Début de la guerre d'Indochine ; IVᵉ République. | Breton est de retour en France. Éluard, *Le Dur Désir de durer*. |
| 1947 | | Éluard, *Corps mémorable* et *Le Temps déborde*. Soupault, *Messages d'une île déserte*. |
| 1948 | | Mort d'Antonin Artaud. Éluard, *Poèmes politiques*. Aragon, *Les Communistes*. |
| 1950 | | Tzara, *Parler seul*. |

| TABLEAU CHRONOLOGIQUE | | |
| --- | --- | --- |
| **ÉVÉNEMENTS LITTÉRAIRES ET CULTURELS EN FRANCE** | **ÉVÉNEMENTS HISTORIQUES ET CULTURELS HORS DE FRANCE** | |
| Albert Camus, *L'Envers et l'Endroit*. | | 1937 |
| Jean-Paul Sartre, *La Nausée*. | États-Unis : Jerry Siegel et Joe Shuster, *Superman*. | 1938 |
| Sartre, *Le Mur*. | Fin de la guerre d'Espagne. États-Unis : *Gone With the Wind*. | 1939 |
| | | 1940 |
| | | 1941 |
| Camus, *L'Étranger*. Sartre, *L'Être et le Néant*. | Québec : Paul-Émile Borduas, inspiré par le surréalisme, crée l'automatisme. | 1942 |
| Sartre, *Huis clos*. Jean Anouilh, *Antigone*. | | 1944 |
| Marcel Carné, *Les Enfants du paradis*. | Pologne : Auschwitz est libéré par l'Armée rouge. | 1945 |
| Jacques Prévert, *Paroles*. Création du Festival de Cannes. | | 1946 |
| Camus, *La Peste*. Boris Vian, *L'Écume des jours*. | États-Unis : lancement du plan Marshall pour reconstruire l'Europe. | 1947 |
| Sartre, *Les Mains sales*. | Création de l'État d'Israël. ONU : Déclaration universelle des droits de l'homme. Québec : Borduas, *Le Refus global*. | 1948 |
| Camus, *Les Justes*. | États-Unis : guerre de Corée (1950-1953). | 1950 |

TABLEAU CHRONOLOGIQUE

| | Événements historiques en France | Vie et œuvre des surréalistes et des précurseurs du surréalisme |
|---|---|---|
| 1952 | | Mort de Paul Éluard. |
| 1954 | Fin de la guerre d'Indochine ; début de la guerre d'Algérie. | |
| 1956 | | Péret, *Anthologie de l'amour sublime.* Aragon, *Le Roman inachevé.* |
| 1957 | | Breton, *L'Art magique.* |
| 1958 | Ve République. | Aragon, *La Semaine sainte.* |
| 1959 | | Mort de Benjamin Péret. |
| 1960 | | Expositions surréalistes à New York et à Milan. |
| 1962 | Fin de la guerre d'Algérie. | |
| 1963 | | Aragon, *Le Fou d'Elsa.* Mort de Tristan Tzara. |
| 1966 | | Mort d'André Breton. Desnos, *Cinéma* (posthume). |
| 1968 | Mai 68. | |
| 1969 | | Jean Schuster, l'un des derniers membres du groupe, annonce la fin du surréalisme dans *Le Monde.* |
| 1982 | | Mort de Louis Aragon. |
| 1990 | | Mort de Philippe Soupault. |

| TABLEAU CHRONOLOGIQUE | | |
|---|---|---|
| **ÉVÉNEMENTS LITTÉRAIRES ET CULTURELS EN FRANCE** | **ÉVÉNEMENTS HISTORIQUES ET CULTURELS HORS DE FRANCE** | |
| Samuel Beckett, *En attendant Godot*. | États-Unis : explosion de la première bombe H. | 1952 |
| Eugène Ionesco, *La Cantatrice chauve*. | | 1954 |
| Camus, *La Chute*. | États-Unis : Elvis Presley, *Hound Dog*. | 1956 |
| Camus, *L'Exil et le Royaume*. | États-Unis : Jack Kerouac, *On the Road*. | 1957 |
| Marguerite Duras, *Moderato cantabile*. | États-Unis : Miles Davis, *Kind of Blue*. | 1958 |
| Raymond Queneau, *Zazie dans le métro*. | | 1959 |
| | | 1960 |
| | États-Unis : premier vol orbital d'un Américain (John Glenn). | 1962 |
| Simone de Beauvoir, *La Force des choses*. | États-Unis : assassinat de John F. Kennedy ; Bob Dylan, *Blowin' in the Wind*. Angleterre : Beatles, *She Loves You*. | 1963 |
| Duras, *Le Vice-Consul*. | Chine : Mao Zedong lance la « révolution culturelle ». | 1966 |
| | États-Unis : contestation étudiante. Tchécoslovaquie : fin du Printemps de Prague. | 1968 |
| Georges Perec, *La Disparition*. | | 1969 |
| | Argentine : guerre des Malouines. | 1982 |
| | Réunification de l'Allemagne. | 1990 |

## GLOSSAIRE DE L'ŒUVRE

**André Masson:** peintre surréaliste (1896-1987).

**Arborescence:** multiplication d'éléments donnés (comme les branches d'un arbre).

**Console:** meuble sur lequel on pose des bronzes, des vases, etc.

**Cottage:** petite maison de campagne.

**Faubourg:** banlieue.

**Impétuosité:** vivacité.

**Luxure:** débauche.

**Max Jacob:** écrivain et peintre (1876-1944).

**Pierre Reverdy:** poète, autre précurseur du surréalisme (1889-1960).

**Précepte:** norme, règle.

**Saltimbanque:** amuseur public.

**Vermeille:** rouge vif.

**Volute:** spirale.

# BIBLIOGRAPHIE

## Les œuvres

## LES PRÉCURSEURS

APOLLINAIRE, Guillaume. *Œuvres poétiques,* Paris, Gallimard,
    coll. « Bibliothèque de la Pléiade », 1960.
LAUTRÉAMONT. *Œuvres complètes,* Paris, Gallimard, coll. « Bibliothèque
    de la Pléiade », 1970.
MALLARMÉ, Stéphane. *Œuvres complètes,* tome I, Paris, Gallimard,
    coll. « Bibliothèque de la Pléiade », 1998.
RIMBAUD, Arthur. *Œuvres complètes,* Paris, Gallimard, coll. « Bibliothèque
    de la Pléiade », 1954.
TZARA, Tristan. *Œuvres complètes,* volume I, Paris, Flammarion, 1975.

## LES SURRÉALISTES

ARAGON, Louis. *Œuvres poétiques,* Paris, Gallimard, coll. « Bibliothèque
    de la Pléiade », 1997.
ARTAUD, Antonin. *Œuvres complètes,* tomes I et II, Paris, Gallimard, 1976.
BRETON, André. *Œuvres complètes,* Paris, Gallimard, coll. « Bibliothèque
    de la Pléiade », 1988.
DESNOS, Robert. *Œuvres,* Paris, Gallimard, coll. « Quarto », 1999.
ÉLUARD, Paul. *Œuvres complètes,* tomes I et II, Paris, Gallimard,
    coll. « Bibliothèque de la Pléiade », 1960.
PÉRET, Benjamin. *Le Gigot, sa vie, son œuvre,* Paris, Terrain vague, 1957.
SOUPAULT, Philippe. *Poèmes et poésies,* Paris, Grasset, 1973.

## Sur le surréalisme

ALEXANDRIAN, Sarane. *Le Surréalisme et le Rêve,* Paris, Gallimard, 1974.
ALQUIÉ, Ferdinand. *Philosophie du surréalisme,* Paris, Flammarion, 1955.
BÉHAR, Henri et Michel CARASSOU. *Le Surréalisme, textes et débats,* Paris,
    Le Livre de poche, 1984.
NADEAU, Maurice. *Histoire du surréalisme,* Paris, Seuil, 1964.
RAYMOND, Marcel. *De Baudelaire au surréalisme,* Paris, José Corti, 1966.

## ŒUVRES PARUES

*300 ans d'essais au Québec*
Apollinaire, *Alcools*
Balzac, *Le Colonel Chabert*
Balzac, *La Peau de chagrin*
Balzac, *Le Père Goriot*
Baudelaire, *Les Fleurs du mal* et *Le Spleen de Paris*
Beaumarchais, *Le Mariage de Figaro*
Chateaubriand, *Atala* et *René*
Chrétien de Troyes, *Yvain* ou *Le Chevalier au lion*
*Contes et légendes du Québec*
Corneille, *Le Cid*
Daudet, *Lettres de mon moulin*
Diderot, *La Religieuse*
*Écrivains des Lumières*
Flaubert, *Trois Contes*
Girard, *Marie Calumet*
Hugo, *Le Dernier Jour d'un condamné*
Jarry, *Ubu Roi*
Laclos, *Les Liaisons dangereuses*
Marivaux, *Le Jeu de l'amour et du hasard*
Maupassant, *Contes réalistes et Contes fantastiques*
Maupassant, *La Maison Tellier et autres contes*
Maupassant, *Pierre et Jean*
Mérimée, *La Vénus d'Ille* et *Carmen*
Molière, *L'Avare*
Molière, *Le Bourgeois gentilhomme*
Molière, *Dom Juan*
Molière, *L'École des femmes*
Molière, *Les Fourberies de Scapin*
Molière, *Le Malade imaginaire*
Molière, *Le Misanthrope*
Molière, *Tartuffe*
Musset, *Lorenzaccio*
*Poètes et prosateurs de la Renaissance*
*Poètes romantiques*
*Poètes surréalistes*
*Poètes symbolistes*
Racine, *Phèdre*
Rostand, *Cyrano de Bergerac*
*Tristan et Iseut*
Voltaire, *Candide*
Voltaire, *Zadig* et *Micromégas*
Zola, *La Bête humaine*
Zola, *Thérèse Raquin*